Matemática financeira

Leonardo Picarelli

PUBLICAÇÕES FGV Management

SÉRIE GESTÃO EMPRESARIAL

Matemática financeira

10ª edição

Luís Geraldo Mendonça
George Joseph Boggiss
Luiz Alfredo Rodrigues Gaspar
Marcos Guilherme Heringer

FGV management

FGV EDITORA

ISBN — 978-85-225-0792-4

Direitos desta edição reservados à
EDITORA FGV
Rua Jornalista Orlando Dantas, 37
22231-010 — Rio de Janeiro, RJ — Brasil
Tels.: 0800-021-7777 — 21-3799-4427
Fax: 21-3799-4430
e-mail: editora@fgv.br — pedidoseditora@fgv.br
web site: www.fgv.br/editora

Impresso no Brasil / *Printed in Brazil*

Este livro foi editado segundo as normas do Acordo Ortográfico da Língua Portuguesa, aprovado pelo Decreto Legislativo nº 54, de 18 de abril de 1995, e promulgado pelo Decreto nº 6.583, de 29 de setembro de 2008.

1ª edição — 2003; 2ª edição revista e atualizada — 2003; 3ª edição — 2004; 4ª, 5ª e 6ª edições — 2005; 7ª e 8ª edições — 2006; 9ª edição revista e atualizada — 2007; 1ª e 2ª reimpressões — 2007; 3ª, 4ª, 5ª, 6ª e 7ª reimpressões — 2008; 8ª reimpressão — 2009; 10ª edição — 2010; 1ª, 2ª e 3ª reimpressões — 2010; 4ª, 5ª e 6ª reimpressões — 2011; 7ª, 8ª, 9ª, 10ª, 11ª, 12ª, 13ª, 14ª, 15ª, 16ª, 17ª reimpressões — 2012; 18ª reimpressão — 2013.

Revisão dos originais: Luiz Alberto Monjardim e Sandra Frank
Editoração eletrônica: FA Editoração Eletrônica
Revisão: Marco Antonio Corrêa e Aleidis de Beltran
Capa: aspecto:design
Ilustração de capa: Mario Guilherme V. Leite

Mendonça, Luís Geraldo
Matemática financeira / Luís Geraldo Mendonça, George Joseph Boggiss, Luiz Alfredo Rodrigues Gaspar, Marcos Guilherme Heringer. — 10. ed. — Rio de Janeiro : Editora FGV, 2010.
140 p. — (Gestão empresarial (FGV Management))
Abaixo do título: Publicações FGV Management.
Inclui bibliografia

1. Matemática financeira. I. Boggiss, George Joseph. II.Gaspar, Luiz Alfredo Rodrigues. III. Heringer, Marcos Guilherme. IV.Fundação Getulio Vargas. V. FGV Management. VI. Título. VII. Série.

CDD — 513.93

Aos nossos alunos e aos nossos colegas docentes,
que nos levam a pensar e repensar nossas práticas.

Sumário

Apresentação

Este livro compõe as Publicações FGV Management, programa de educação continuada da Fundação Getulio Vargas (FGV).

Instituição de direito privado com mais de meio século de existência, a FGV vem gerando conhecimento por meio da pesquisa, transmitindo informações e formando habilidades por meio da educação, prestando assistência técnica às organizações e contribuindo para um Brasil sustentável e competitivo no cenário internacional.

A estrutura acadêmica da FGV é composta por oito escolas e institutos: a Escola Brasileira de Administração Pública e de Empresas (Ebape), dirigida pelo professor Flavio Carvalho de Vasconcelos; a Escola de Administração de Empresas de São Paulo (Eaesp), dirigida pela professora Maria Tereza Leme Fleury; a Escola de Pós-Graduação em Economia (EPGE), dirigida pelo professor Renato Fragelli Cardoso; o Centro de Pesquisa e Documentação de História Contemporânea do Brasil (Cpdoc), dirigido pelo professor Celso Castro; a Escola de Direito de São Paulo (Direito GV), dirigida pelo professor Ary Oswaldo Mattos Filho; a Escola de Direito do Rio de Janeiro (Direito Rio), dirigida pelo professor Joaquim Falcão; a Escola de Economia de São Paulo (Eesp), dirigida pelo professor Yoshiaki Nakano; o Instituto Brasileiro de Economia (Ibre), dirigido pelo professor Luiz Guilherme Schymura de Oliveira. São diversas unidades com a marca FGV, trabalhando com a mesma filosofia: gerar e disseminar o conhecimento pelo país.

Dentro de suas áreas específicas de conhecimento, cada escola é responsável pela criação e elaboração dos cursos oferecidos pelo Instituto de Desenvolvimento Educacional (IDE), criado em 2003 com o objetivo de coordenar e gerenciar uma rede de distribuição única para os produtos e serviços educacionais da FGV, por meio de suas escolas. Dirigido pelo professor Clovis de Faro e contando com a direção acadêmica do professor Carlos Osmar Bertero, o IDE engloba o programa FGV Management e sua rede conveniada, distribuída em todo o país (ver www.fgv.br/fgvmanagement), o programa de ensino a distância FGV Online (ver www.fgv.br/fgvonline), a Central de Qualidade e Inteligência de Negócios e o Programa de Cursos In Company. Por meio de seus programas, o IDE desenvolve soluções em educação presencial e a distância e em treinamento corporativo customizado, prestando apoio efetivo à rede FGV, de acordo com os padrões de excelência da instituição.

Este livro representa mais um esforço da FGV em socializar seu aprendizado e suas conquistas. Ele é escrito por professores do FGV Management, profissionais de reconhecida competência acadêmica e prática, o que torna possível atender às demandas do mercado, tendo como suporte sólida fundamentação teórica.

A FGV espera, com mais essa iniciativa, oferecer a estudantes, gestores, técnicos — a todos, enfim, que têm internalizado o conceito de educação continuada, tão relevante nesta era do conhecimento — insumos que, agregados às suas práticas, possam contribuir para sua especialização, atualização e aperfeiçoamento.

Clovis de Faro
Diretor do Instituto de Desenvolvimento Educacional

Ricardo Spinelli de Carvalho
Diretor executivo do FGV Management

Sylvia Constant Vergara
Coordenadora das Publicações FGV Management

Introdução

A matemática financeira é de extrema importância para a tomada de decisões financeiras, tanto de caráter pessoal quanto empresarial, e auxiliará você, leitor, no processo de maximização de resultados empresariais.

A fixação dos conceitos financeiros está aqui baseada em exemplos práticos, resolvidos a cada capítulo. Tais conceitos foram desenvolvidos matematicamente, tendo sido, vários deles, implementados na calculadora financeira HP-12C.

Este livro está dividido em sete capítulos — além da conclusão —, dispostos de forma a apresentar uma sequência didática.

No primeiro capítulo faz-se uma exposição da relação fundamental da matemática financeira e dos vários tipos de taxas de juros praticadas no Brasil.

O segundo capítulo apresenta os conceitos básicos do regime de juros simples, sua utilização e forma de cálculo.

O terceiro capítulo, sobre juros compostos, mostra as características de nosso principal regime de capitalização, bem como sua utilização e forma de cálculo. Nele você conhecerá o processo de equivalência de taxas compostas e de capitais, o que lhe permitirá compreender melhor os demais tópicos.

O quarto capítulo aborda as formas de financiamento em prestações periódicas, além de planos de poupança com poupanças periódicas, suas formas de cálculo e seus conceitos.

O quinto capítulo trata dos sistemas de amortização mais utilizados no Brasil atualmente: o sistema de amortização constante, a tabela Price e o sistema misto. Trata, ainda, do sistema de correção monetária.

O sexto capítulo mostra como avaliar, de forma objetiva e rápida, um fluxo de caixa pelos métodos do valor presente líquido (*VPL*) e da taxa interna de retorno (*TIR*), muito usados em matemática financeira e em análise de projetos de investimento.

No sétimo capítulo o leitor aprenderá a calcular os juros, o valor presente e a taxa composta de uma operação de desconto de títulos, considerada a mais tradicional operação bancária no Brasil.

Cada capítulo aborda, portanto, um tema específico e sua possível aplicação nos diferentes produtos do mercado financeiro. Além dos conceitos básicos e suas respectivas fórmulas matemáticas, você verá como solucionar vários exemplos utilizando a calculadora HP-12C.

A preferência por essa calculadora explica-se por sua grande praticidade: ela é a mais utilizada pelas empresas e instituições financeiras, estando, pois, disponível em qualquer ambiente de negócio.

1

Relação fundamental e taxas de juros

Matemática financeira

A matemática financeira trata, essencialmente, do estudo do valor do dinheiro no decorrer do tempo, isto é, considera que uma unidade monetária expressa em qualquer moeda existente não tem o mesmo valor financeiro em datas diferentes. Por conseguinte, seu objetivo é analisar operações de caráter financeiro que envolvam entradas e saídas de caixa (dinheiro) ocorridas em momentos distintos.

Entende-se por fluxo de caixa as entradas e saídas de dinheiro efetivadas no decorrer do tempo numa dada operação. Assim, pode-se dizer que a matemática financeira propõe-se avaliar fluxos de caixa, de modo a permitir uma tomada de decisão racional a partir dessa avaliação.

Representação gráfica de um fluxo de caixa

O fluxo de caixa de uma operação pode ser representado graficamente pelo diagrama apresentado a seguir:

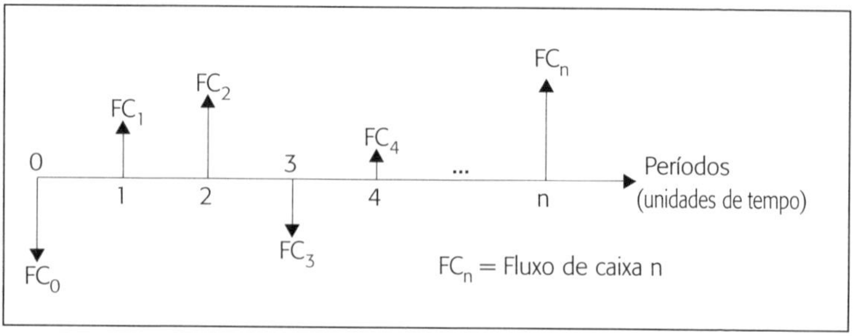

No eixo horizontal do diagrama estão a unidade de tempo e as datas de ocorrência das entradas e saídas de caixa. Normalmente a unidade de tempo é denominada *período* e expressa em dia, mês, ano etc. A data inicial de ocorrência dos fluxos de caixa é representada por zero, enquanto a data *n* representa o prazo da operação.

No eixo vertical estão as entradas e saídas líquidas de caixa. As *entradas líquidas de caixa*, representadas por setas verticais apontadas para cima, caracterizam-se por apresentar valores de entrada de caixa maiores que os valores de saída de caixa nas respectivas datas. FC_1, FC_2, FC_4 e FC_n são exemplos desse tipo de entradas.

Já as *saídas líquidas de caixa*, representadas por setas verticais apontadas para baixo, caracterizam-se por apresentar valores de saída maiores que os valores de entrada nas respectivas datas. FC_0 e FC_3 são exemplos desse tipo de saídas.

Capital, juros e montante

Operações financeiras como, por exemplo, empréstimos e descontos de títulos envolvem pelo menos dois valores. O primeiro identifica a quantia de que uma das partes (o tomador ou devedor do recurso) necessita. O segundo define o valor a ser devolvido à outra parte (o credor) ao término do prazo da operação.

Dada a posição antagônica que as partes ocupam na transação, é natural que o credor cobre do tomador de recursos uma quantia equivalente à remuneração que o primeiro receberia na melhor oportunidade de emprego desses recursos. Essa remuneração é denominada *juros*. Portanto, a noção de juros decorre do fato de que, na sociedade, a maioria dos indivíduos prefere consumir bens e serviços hoje, e não numa data futura. Ou seja, paga-se um juro pela preferência temporal de não adiar o consumo.

Pode-se, então, definir juros como a quantia cobrada pelo credor ao tomador de recursos pela utilização do seu capital, denominado *capital inicial* ou *principal*, por um período determinado. Como consequência, o credor passa a possuir, findo esse período, um novo capital, denominado *montante*, que nada mais é do que a soma do capital inicial mais os juros auferidos nesse período.

Essa relação fundamental entre capital, juros e montante, do ponto de vista do credor (cedente) dos recursos financeiros, pode ser vista na representação de fluxo de caixa apresentada a seguir:

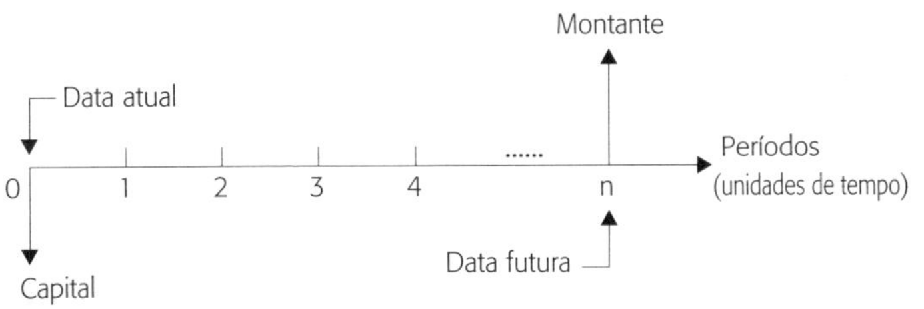

- Montante ou valor futuro = FV (*future value*)
- Capital ou valor atual = PV (*present value*)
- Juros = J (*interest*)

Relação fundamental de equivalência de capitais: $FV = PV + J$

A determinação do valor dos juros, numa operação para mais de um período, depende do cálculo do seu valor a cada período e do processo de sua incorporação ao novo capital existente a cada período transcorrido.

Calcula-se esse valor utilizando-se um coeficiente (um número real) denominado *taxa de juros* (*interest rate*).

O processo (regime) de incorporação dos juros ao novo capital existente a cada período transcorrido é denominado *capitalização*. Esse processo de capitalização pode-se realizar pelos regimes de juros simples ou de juros compostos.

Aqui apresentamos operações com apenas um período e várias taxas de juros praticadas no mercado financeiro.

Taxa de juros

Considere que o prazo de uma operação é uma unidade de tempo qualquer. A taxa de juros *i* é definida como a remuneração cobrada por unidade utilizada do capital *PV*. É calculada através do quociente entre *J* e *PV*:

$$i = \frac{J}{PV}$$

A taxa de juros *i* caracteriza, pois, o valor do aluguel do dinheiro por um certo período. Logo, a taxa de juros é um coeficiente que sempre se refere a uma unidade de tempo qualquer.

A taxa de juros pode ser expressa nas seguintes formas equivalentes:

- forma percentual;
- forma unitária, caracterizada pelo valor na forma percentual dividido por 100.

Assim, uma taxa de juros de 5% ao mês pode ser expressa tanto por 5% a.m. quanto por 0,05 a.m. Vale notar que nas fórmulas emprega-se a forma unitária.

Exemplo: Numa operação de empréstimo pessoal de \$ 100,00, pagou-se, findo o período de um mês (30 dias), a título de juros, o valor de \$ 12,00. Qual a taxa mensal cobrada na operação?

Solução: Dados — J = \$ 12,00; PV = \$ 100,00.

$$i = \frac{J}{PV} = \frac{\$\ 12,00}{\$\ 100,00} \quad \therefore \quad i = 0,12 \text{ a.m.} = 12\% \text{ a.m.}$$

Exemplo: Um investidor aplicou a importância de \$ 200,00, gerando uma remuneração de \$ 40,00 ao final de um período de um ano (360 dias). Qual a taxa anual paga na operação?

Solução: Dados — PV = \$ 200,00; J = \$ 40,00.

$$i = \frac{J}{PV} = \frac{\$\ 40,00}{\$\ 200,00} \quad \therefore \quad i = 0,20 \text{ a.a.} = 20\% \text{ a.a.}$$

Relação de equivalência de capitais para um período

Da definição de taxa de juros resulta a seguinte expressão para juros por um período:

$$J = PV \times i$$

Se você substituir essa expressão na relação fundamental de equivalência de capitais, $FV = PV + J$, obterá as duas equações que permitem caracterizar a relação de equivalência de capitais para um período:

$$FV = PV\ (1 + i) \qquad \text{e} \qquad PV = \frac{FV}{(1 + i)}$$

Denominamos fator de capitalização a expressão $(1 + i)$, e fator de descapitalização a expressão $\dfrac{1}{(1 + i)}$.

Exemplo: Uma empresa pediu um empréstimo no valor de \$ 1.000,00 a uma taxa de 10% ao mês. Qual o montante a ser pago no final de um mês?

Solução: Dados — *PV* = \$ 1.000,00; *i* = 10% a.m.

$$FV = PV\,(1 + i) \;\therefore\; FV = \$\,1.000,00\,(1 + 0,10) \;\therefore\; FV = \$\,1.100,00$$

Exemplo: Uma poupança remunera aplicações de recursos a 1% ao mês. Que valor deve ser aplicado hoje para gerar um montante de \$ 1.212,00 um mês depois?

Solução: Dados — *FV* = \$ 1.212,00; *i* = 1% a.m.

$$PV = \frac{FV}{(1 + i)} \;\therefore\; PV = \frac{\$\,1.212,00}{(1 + 0,01)} \;\therefore\; PV = \$\,1.200,00$$

Assim, das relações de equivalência de capitais decorre a seguinte relação alternativa para o conceito de taxa de juros:

$$i = \frac{J}{PV} = \frac{FV - PV}{PV} \quad \therefore$$

$$i = \frac{FV}{PV} - 1$$, sendo i a taxa na forma unitária ou

$$i = \left(\frac{FV}{PV} - 1\right) 100$$, sendo i a taxa na forma percentual.

Essas relações permitem definir a taxa de juros como a taxa de variação percentual, por unidade de tempo, do capital empregado.

Exemplo: Numa operação de empréstimo de \$ 100,00, pagou-se, findo o período de quatro meses (um quadrimestre), o montante de \$ 105,00. Qual a taxa de variação percentual, por unidade de tempo, do capital empregado na operação?

Solução: Dados — *FV* = \$ 105,00; *PV* = \$ 100,00.

$$i = \frac{FV}{PV} - 1 \quad \therefore \quad i = \frac{\$\,105{,}00}{\$\,100{,}00} - 1 = 1{,}05 - 1 \quad \therefore \quad i = 0{,}05 \text{ a.q.} = 5\% \text{ a.q.}$$

Exemplo: Um investidor aplicou a importância de \$ 500,00 num lote de ações, mas teve necessidade de vendê-lo, um mês após a compra, por \$ 400,00. Calculando a taxa de variação percentual, por unidade de tempo, do capital empregado na operação, diga se você gostaria de ter passado por essa situação como investidor.

Solução: Dados — *FV* = \$ 400,00; *PV* = \$ 500,00.

$$i = \frac{FV}{PV} - 1 \quad \therefore \quad i = \frac{\$\,400{,}00}{\$\,500{,}00} - 1 = 0{,}80 - 1 \quad \therefore \quad i = -\,0{,}20 \text{ a.m.} = 20\% \text{ a.m.}$$

Portanto, não gostaria de ter passado por essa situação.

Finalmente, da relação de equivalência de capitais para um período:

$$PV = \frac{FV}{(1 + i)}, \text{ temos que: } 0 = -PV + \frac{FV}{(1 + i)}$$

A partir desta última relação, pode-se caracterizar a taxa *i* como a que iguala a saída de recursos à entrada de recursos na data de hoje. No caso de aplicação de recursos para posterior recebimento do respectivo montante, denomina-se *i* a *taxa interna de retorno* da operação.

Porém, havendo uma tomada de recursos para posterior pagamento do respectivo montante, da relação de equivalência para um período temos que: $0 = PV - \frac{FV}{(1 + i)}$.

Nesse caso, denomina-se i a *taxa interna de juros* da operação.

Seja qual for o caso, a denominação de taxa interna refere-se ao fato de i ser dependente exclusivamente dos valores de PV e de FV.

Classificação das taxas de juros

Taxas de juros efetiva e nominal

Taxa de juros efetiva é aquela na qual a unidade de tempo de referência coincide com a unidade de tempo de ocorrência da capitalização (dos juros). Nesse caso, em geral omite-se o período de capitalização. Assim, a taxa de 10% ao ano é apresentada como 10% a.a., em vez de 10% a.a. capitalizados anualmente.

Em contrapartida, taxa de juros nominal é aquela para a qual a unidade de tempo de referência é diferente da unidade de tempo relativa à ocorrência da capitalização. Assim, a taxa de 10% ao ano capitalizados mensalmente é apresentada como 10% a.a. nominais mensais.

Taxas de juros proporcionais

Sejam duas unidades de tempo n e k. Consideremos que n é maior do que k, e que k será tomada como unidade de tempo de referência. Por exemplo, n é ano, e k é mês. Assim, temos a seguinte relação entre os períodos n e k:

$$\frac{n}{k} = \frac{z \times k}{k} \quad \therefore \quad z = \frac{n}{k}$$

sendo z o número de vezes que o período k ocorre no período n e necessariamente maior do que 1.

Diz-se que duas taxas de juros (efetivas) i_n e i_k, referentes aos períodos n e k, respectivamente, são *proporcionais* quando vale a relação:

$$\frac{i_n}{i_k} = \frac{n}{k} \text{ ou, equivalentemente, a relação: } \frac{i_n}{i_k} = z$$

Exemplo: Uma taxa de juros de 24% ao ano é proporcional a uma taxa de juros de 2% ao mês?

Solução: Dados — n = ano; k = mês; i_n = 24% a.a.; i_k = 2% a.m.

$$\frac{i_n}{i_k} = \frac{i_a}{i_m} = \frac{24\%}{2\%} = 12 \quad \text{e} \quad z = \frac{n}{k} = \frac{1 \text{ ano}}{1 \text{ mês}} = \frac{12 \text{ meses}}{1 \text{ mês}} = 12$$

Como os dois lados da proporcionalidade são iguais, as taxas de juros são proporcionais.

Da relação de proporcionalidade de taxas e da relação entre os períodos n e k conclui-se que:

- dada uma taxa de juros ao período *menor*, pode-se obter a taxa de juros proporcional ao período *maior* através da relação: $i_n = z \times i_k$;
- dada uma taxa de juros ao período *maior*, pode-se obter a taxa de juros proporcional ao período *menor* através da relação: $i_k = i_n \div z$.

Exemplo: Qual a taxa de juros anual proporcional a 4% ao trimestre?

Solução: Dados — i_k = 4% a.t.; z = (1 ano = 4 trimestres) / 1 trimestre = 4.

$$i_a = z \times i_t = 4 \times 0{,}04 \;\therefore\; i_a = 0{,}16 \text{ a.a.} = 16\% \text{ a.a.}$$

Exemplo: Qual a taxa de juros mensal proporcional à taxa de juros anual de 18%?

Solução: Dados — i_n = 18% a.a.; z = (1 ano = 12 meses) / 1 mês = 12.

$$i_m = \frac{i_a}{z} = \frac{0{,}18}{12} \therefore i = 0{,}015 \text{ a.m.} = 1{,}5\% \text{ a.m.}$$

Exemplo: Qual a taxa de juros mensal proporcional à taxa de juros de 4% no período de 45 dias?

Solução: Dados — i_n = 4% a.45d.; z = 45 dias / (1 mês = 30 dias) = 45 / 30 = 1,5.

$$i_m = \frac{i_{45d}}{z} = \frac{0{,}04}{1{,}5} \therefore i = 0{,}0267 \text{ a.m.} = 2{,}67\% \text{ a.m.}$$

Taxas de juros real, prefixada e pós-fixada

Taxa de juros real

O significado de taxa de juros real pode ser melhor compreendido a partir dos conceitos e taxas apresentados a seguir. Todas as taxas referem-se a um mesmo período.

No Brasil, atualmente, utilizam-se vários índices que medem a inflação ou deflação, isto é, o aumento ou a diminuição (variação) persistente e generalizada dos preços de bens e serviços na economia. Cabe citar como exemplos o IGP-M, o INPC, a TR, a taxa Selic, entre outros. Todavia, para cálculo da taxa real, você só deve considerar o índice que mede a variação de preços (ou que realiza a atualização monetária do poder aquisitivo). Trata-se, aqui, da hipótese mais habitual de variação de preços, que é a de inflação.

Exemplo: Num determinado período, seu salário de $ 1.000,00 foi reajustado em 50%. Sabendo que a inflação no mesmo período foi de 40%, em quanto aumentou ou diminuiu o poder de compra do salário (ganho ou perda real, respectivamente) no período, em termos de taxa e de valor?

Solução: Dados — i = 50%; inflação = 40%.

De acordo com a fórmula de Fischer, dividir o fator de taxa cheia, predeterminada, pelo fator de correção monetária.

Logo, a taxa real (r) de acréscimo do salário é dada por:

$$r = \frac{1 + 0,5}{1 + 0,4} - 1 \therefore r = \frac{0,5 - 0,4}{1 + 0,4} = \frac{0,1}{1,4} \therefore r = 7,14\%.$$

$$\$ 1.000,00\,(1 + 0,5) = \$ 1.500,00;$$
$$\$ 1.000,00\,(1 + 0,4) = \$ 1.400,00;$$
$$\$ 1.500,00 - \$ 1.400,00 = \$ 100,00.$$

Houve, portanto, um ganho real de $ 100,00 (a preços de fim do período).

Taxas de juros prefixada e pós-fixada

As operações de mercado podem ser classificadas em operações de renda fixa e de renda variável. Uma operação de renda fixa pode ser prefixada ou pós-fixada.

Por operação de renda fixa prefixada entende-se uma operação com títulos (papéis) na qual o investidor e o devedor já conhecem, no dia da transação, a taxa de retorno e também o valor nominal do título no dia do resgate (vencimento).

Em contrapartida, diz-se que uma operação é de renda fixa pós-fixada quando o aplicador e o devedor conhecem, no dia da sua efetivação, a taxa de rendimento e também uma estimativa (e não o valor certo) do índice de atualização monetária pactuado na operação. O valor nominal do título só será conhecido posteriormente à data da aplicação.

Exemplo: Um investidor se depara com as seguintes alternativas de taxas de juros para aplicação de um capital por um período: a) taxa efetiva prefixada de 24%; b) taxa real de 6,5%. Qual a melhor taxa? Responda com base na taxa de inflação esperada, embutida na taxa prefixada.

Solução: Dados — i = 24%; r = 6,5%.

$$\text{inflação esperada} = \frac{1 + 0{,}24}{1 + 0{,}065} - 1 = 0{,}1643$$

Logo, inflação esperada = 16,43%.

Assim, se a expectativa de inflação for maior do que 16,43% a.p., é melhor aplicar pela taxa r. Se a expectativa de inflação for menor do que 16,43% a.p., é melhor aplicar pela taxa i. No caso de a expectativa de inflação ser igual a 16,43% a.p., é indiferente aplicar pela taxa prefixada ou pela taxa pós-fixada.

Nota: Havendo inflação, a taxa efetiva de uma operação de renda fixa prefixada é dita aparente ou, no jargão do mercado, nominal.

Taxas de juros equivalentes

Taxas de juros expressas em unidades de tempo diferentes são ditas equivalentes quando para o decisor é indiferente realizar a operação por qualquer uma delas. Cada um dos dois regimes de capitalização de juros possui uma expressão específica de equivalência de taxas, conforme veremos nos capítulos respectivos.

Regra básica para realização dos cálculos em fluxos de caixa

Nas fórmulas utilizadas neste livro são consideradas a unidade de tempo a que se refere a taxa de juros, a unidade de tempo relativa à periodicidade da incorporação dos juros ao capital existente (que poderá ser a mesma que a de referência da taxa de juros ou não) e a unidade de tempo do prazo da operação.

A regra básica de compatibilização a ser utilizada nas fórmulas relativas aos fluxos de caixa consiste em que:

- as taxas de juros utilizadas devem ser efetivas;
- as unidades de tempo da taxa de juros efetiva e do prazo devem ser as mesmas.

Os procedimentos de compatibilização das unidades de tempo e de transformação de taxas nominais em taxas efetivas serão apresentados nos capítulos referentes aos regimes de capitalização.

Interação inicial com a calculadora HP-12C

Utilizando as teclas básicas

Os procedimentos para realizar tarefas básicas com a HP-12C são descritos na tabela, que mostra: a tarefa a ser executada, os números e a(s) tecla(s) a serem pressionados para executar a tarefa, o conteúdo do visor, que corresponde ao conteúdo do registrador ou memória temporária X, e os comentários julgados importantes.

TAREFAS BÁSICAS COM A HP-12C

Tarefa	Teclas	Visor	Comentários
Ligar a HP F + 2	**ON**	0,00 ou 0.00	Aparece, nesse caso, o número zero com duas casas decimais, podendo o mesmo ser representado nos sistemas de numeração brasileiro ou americano
Desligar a HP	**ON**	Apagado	–
Escolher o sistema de numeração	**ON •**	0,00 ou 0.00	Pressionar simultaneamente as duas teclas, soltando primeiro a tecla **ON** e depois a tecla **•**
Entrada de números	**56**	56,00 ou 56.00	A apresentação depende da representação escolhida

continua

Tarefa	Teclas	Visor	Comentários
Corrigir o número digitado	**CLX**	0,00 ou 0.00	Apaga o valor no visor
Entrada de números em sequência	**56.5** **ENTER** **340.5**	56,50 56,50 340,50	56,50 guardado na memória **X** 56,50 guardado na memória **Y** 340,50 guardado na memória **X**
Trocar o número de casas decimais	**f 3**	340,500	Fixa três casas decimais
Extrair raiz quadrada do número na memória **X**	**g** $\sqrt{x}$	18,453	Exemplo de acionamento das funções azuis
Armazenar o valor numa memória fixa	**STO 1**	18,453	18,453 está na memória fixa 1
Obter a parte fracionária do número no visor	**g FRAC**	0,453	
Recuperar um valor necessário	**RCL 1**	18,453	18,453 continua na memória fixa 1 e agora também está na **X**
Obter a parte inteira do número no visor	**g INTG**	18,000	
Recuperar valor da memória fixa 1	**RCL 1**	18,453	
Eliminar demais casas decimais do número no visor	**f RND**	18,453	
Fixar seis casas decimais	**f 6**	18,453000	Constatação da eliminação das casas
Trocar o número de casas decimais	**f 3**	18,453	Fixa três casas decimais
Obter 10% do número no visor	**10%**	1,845	10% do valor acima
Obter a diferença percentual entre um número na memória **Y** (18,453) e outro na memória **X** (1,845)	**Δ%**	– 90,000	100 (X – Y) ÷ Y, i.e. 1,845 é 90% menor que 18,453 (considerando todas as casas decimais)

continua

Tarefa	Teclas	Visor	Comentários
Recuperar o conteúdo da memória fixa 1	**RCL 1**	18,453	
Determinar quanto, percentualmente, o valor em **X** (1,845) representa em relação ao valor em **Y** (18,453)	**1,845** **%T**	9,999	100 (X ÷ Y) 18,453 é guardado em Y
Recuperar o último valor armazenado em **X**, após o uso de teclas +, –, ×, %T etc.	**g LST x**	1,845	Nesse caso específico, %T
Trocar o sinal do número no visor (memória **X**)	**CHS**	–1,845	Nesse caso, de + para –
Trocar o conteúdo da memória **X** pelo da **Y**	$x \gtrless y$	9,999	9,999 está agora em Y

Entendendo o funcionamento e usando as memórias de armazenamento

A HP-12C possui quatro memórias temporárias, X, Y, Z e T, também identificadas como a "pilha" de armazenamento da calculadora.

Quando um número é digitado, ele imediatamente ocupa a memória X, a única cujo conteúdo aparece no visor.

Ao acionar-se a tecla ENTER, desencadeiam-se as seguintes transferências de valores entre as quatro memórias temporárias existentes:

- o conteúdo de X (visor) é transferido para Y e mantido em X;
- o conteúdo de Y é transferido para Z;

- o conteúdo de Z é transferido para T;
- o conteúdo de T é perdido.

Assim sendo, o valor digitado após acionar-se a tecla **ENTER** torna-se conteúdo das memórias X e Y.

A tecla **R↓**, quando acionada, desencadeia as seguintes transferências:

- o conteúdo de X é transferido para T;
- o conteúdo de T é transferido para Z;
- o conteúdo de Z é transferido para Y;
- o conteúdo de Y é transferido para X.

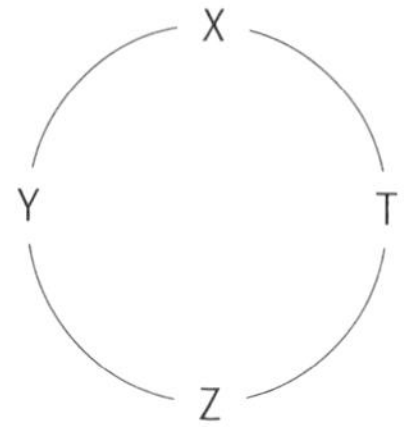

Ocorre, portanto, uma rotação completa dos conteúdos das memórias para cada acionamento da tecla **R↓**, sem que se perca informação. Assim, o acionamento consecutivo dessa tecla por quatro vezes permite conhecer (ao passarem pelo visor) os conteúdos das quatro memórias temporárias X, Y, Z e T.

Para limpar as quatro memórias X, Y, Z e T é necessário acionar consecutivamente as teclas **R↓** e **CLX** até que todos os valores tenham passado pelo visor e sido anulados.

Pressiona-se **f FIN** para apagar apenas os registradores financeiros (**n**, **i**, **PV**, **FV** e **PMT**).

Mas se você quiser limpar todos os registradores ou memórias (temporárias, financeiras e fixas), pressione **f REG**.

As operações algébricas (+, – , × , ÷ e $\mathbf{y^x}$) se efetuam apenas com os conteúdos das memórias X e Y, obedecendo à seguinte sistemática: a operação se realiza entre os conteúdos das memórias X e Y, e o resultado vai para o visor (memória X); o conteúdo de Z se transfere para a memória Y; o conteúdo de T se transfere para a memória Z; finalmente, o conteúdo de T se mantém inalterado.

Os exemplos a seguir visam esclarecer a utilização dessas teclas.

Exemplo: Efetuar 2,0 + 8,0 – 1,0 = 9,0.
Solução:

Dados	Tecla/função	Visor X	Y	Z	T
	f 1	0,0	0,0	0,0	0,0
2		2,0	0,0	0,0	0,0
	ENTER	2,0	2,0	0,0	0,0
8		8,0	2,0	0,0	0,0
	+	10,0	0,0	0,0	0,0
1		1,0	10,0	0,0	0,0
	–	9,0	0,0	0,0	0,0

Exemplo: Efetuar (4,0 + 8,0) ÷ (3,0 + 1,0) = 3,0.
Solução:

Dados	Tecla/função	Visor X	Y	Z	T
4		4,0	9,0	0,0	0,0
	ENTER	4,0	4,0	9,0	0,0
8		8,0	4,0	9,0	0,0
	+	12,0	9,0	0,0	0,0
3		3,0	12,0	9,0	0,0
	ENTER	3,0	3,0	12,0	9,0
1		1,0	3,0	12,0	9,0
	+	4,0	12,0	9,0	0,0
	÷	3,0	9,0	0,0	0,0

A tecla STO serve para guardar (*store*) e operar (somar, dividir, multiplicar e subtrair) valores nas 20 memórias fixas existentes na máquina HP-12C. Essas memórias são identificadas pelos números 0 a 9 e .0 a .9. A tecla **RCL** serve para chamar (*recall*) os valores das 20 memórias fixas (0 a 9 e .0 a .9) para o visor (memória X).

Exemplo: Armazenar os valores 20 e 30 nas memórias permanentes 1 e .2, respectivamente. Somar o valor 100 ao conteúdo da memória permanente 1. Apresentar os conteúdos das duas memórias permanentes.

Solução:

Dados	Tecla/função	Visor	Comentários
20	STO 1	20,00	armazena 20 na memória fixa 1
30	STO • 2	30,00	armazena 30 na memória fixa .2
100	STO + 1	100,00	soma 100 ao conteúdo da memória 1 e guarda resultado na própria memória 1
	RCL 1	120,00	novo conteúdo da memória 1
	RCL • 2	30,00	conteúdo da memória .2

Exemplo: Avaliar a expressão $(5 + 4)^2 \div (2 + 1)^2 = 9{,}0$, utilizando as teclas **STO** e **RCL**, e apresentar os cálculos com duas casas decimais.

Solução:

Dados	Tecla/função	Visor	Comentários
	f 2	0,00	fixa número de casas decimais
5	ENTER	5,00	guarda número nas memórias X e Y
4	+	9,00	resultado da soma

continua

Dados	Tecla/função	Visor	Comentários
2	y^x	81,00	eleva a soma ao quadrado
	STO 1	81,00	armazena valor da memória fixa 1
2	ENTER	2,00	guarda número nas memórias X e Y
1	+	3,00	resultado da soma
2	y^x	9,00	eleva a soma ao quadrado
	RCL 1	81,00	retorna valor da memória fixa 1
	$x \gtrless y$	9,00	prepara valores para divisão
	÷	9,00	resultado final da expressão

A tecla **RCL** serve também para verificar valores contidos nas cinco teclas (memórias) financeiras.

Exemplo: Apresentar o valor armazenado no registrador financeiro **PV**.

Solução:

Dados	Tecla/função	Visor	Comentários
81	PV	81,00	armazena valor no registrador PV
	RCL PV	81,00	mostra no visor o valor armazenado em PV

Funções de calendário

Possibilitam as seguintes operações com datas de calendário:

- a função **g ΔDYS** permite o cálculo do número de dias (corridos ou exatos) entre duas datas;

- a função **g DATE** permite somar ou subtrair um número de dias corridos sobre uma data.

Elas são úteis nas operações, pois permitem relacionar as datas de realização e de resgate da operação com seu prazo.

Antes de iniciar as operações com essas funções, você deve verificar a função azul escolhida, **M.DY** ou **D.MY**, uma vez que tal escolha será de fundamental importância na forma de entrada das datas: se a função escolhida for **D.MY**, as datas deverão entrar na ordem dia-mês-ano; se a função escolhida for **M.DY**, as datas deverão entrar na ordem mês-dia-ano.

Exemplo: Calcular o número de dias entre 19-7-1981 e 25-12-1981.

Solução: Inicialmente você deve fixar o número de casas decimais em seis, acionando as teclas **f 6**.

- Com a função azul **D.MY**, efetuamos:

Dados	Tecla/função		Visor	Comentários
	f	6	0,000000	fixa número de casas decimais em 6
	g	D.MY	0,000000	seleciona padrão brasileiro para datas
19.071981	ENTER		19,071981	primeira data (digitada primeiro)
25.121981	g	Δ DYS	159,000000	nº de dias existentes entre as datas

❑ Com a função azul **M.DY**, efetuamos:

Dados	Tecla/função	Visor	Comentários
	g M.DY	0,000000	seleciona padrão americano para datas
7.191981	ENTER	7,191981	primeira data (digitada primeiro)
12.251981	g Δ DYS	159,000000	nº de dias existentes entre as datas

Somar 159 dias à data de 19-7-1981.

❑ Com a função azul **D.MY**, efetuamos:

Dados	Tecla / função	Visor	Comentários
	g D.MY	0,000000	seleciona padrão brasileiro para datas
19.071981	ENTER	19,071981	data inicial
159	g DATE	25.12.1981 5	data final sexta-feira

Observe que, nesse caso, o visor mostra, além da data, um número 5 na posição extrema direita. Esse número indica que 25-12-1981 foi numa sexta-feira, ou seja, no quinto dia da semana (segunda-feira é o dia número 1).

Condições de erro na HP-12C

Erro 0: relacionado à realização de operações matemáticas fora dos intervalos de definição.

Erro 1: relacionado à utilização de valores maiores do que $9{,}999999999 \times 10^{99}$ e menores do que $-9{,}999999999 \times 10^{99}$ em operações com as teclas **STO** e **12x**.

Erro 2: relacionado às operações estatísticas.

Erro 3: relativo ao cômputo da taxa interna de retorno (**IRR**) ou de juros de um fluxo (serão apresentados os fluxos de caixa que ocasionam esse tipo de erro).

Erro 4: relativo ao erro de memória (modo de programação).

Erro 5: relacionado à utilização de valores nos registradores financeiros fora de seus intervalos de definição (regime de juros compostos).

Erro 6: relativo à utilização de valores de registradores **STO**, **RCL**, $\mathbf{CF_j}$, $\mathbf{N_j}$, **NPV** e **IRR** fora de seus intervalos de definição.

Erro 7: relativo ao cômputo da taxa interna de retorno (**IRR**) ou de juros de um fluxo, caso não existam no mínimo uma entrada de caixa (fluxo de caixa positivo) e uma saída de caixa (fluxo de caixa negativo).

Erro 8: relativo às operações com calendário.

Para limpar o visor mostrando uma situação de erro, pressione qualquer tecla.

2

Regime de juros simples

Conceito e utilização

No regime de capitalização a juros simples, o cálculo dos juros em cada período é realizado multiplicando-se a taxa de juros sempre pelo capital. Assim, o valor dos juros em todos os períodos é constante e igual a $PV \times i$.

No Brasil, esse regime de capitalização é utilizado basicamente nas operações de empréstimo de curtíssimo prazo, até mesmo por um dia, que o mercado denomina *hot money*; na cobrança de cheques especiais; nos financiamentos indexados em moeda estrangeira; e no desconto de títulos de curto prazo, tais como duplicatas e notas promissórias. A cobrança de cheque especial é apresentada neste capítulo. Já a operação de desconto de títulos, devido à sua especificidade, será abordada em capítulo próprio.

Expressão para cálculo dos juros a partir do capital

Seja o principal *PV* aplicado a juros simples, à taxa de juros *i*.

$$J_1 = PV \times i$$

$$J_2 = PV \times i + PV \times i = PV \times i \times 2$$

Considerando *n* períodos, temos:

$$J_n = PV \times i + PV \times i + \ldots + PV \times i = PV \times i \times n \quad \therefore$$

$$J = PV \times i \times n$$

Exemplo: Qual será o juro proporcionado por um capital de \$ 100.000,00, aplicado à taxa de 9% ao mês, ao final de: a) um mês; b) dois meses.

Solução: Dados — *PV* = \$ 100.000,00; *i* = 9% a.m.

a) $n = 1 \;\therefore\; J = PV \times i = \$\,100.000{,}00 \times 0{,}09 = \$\,9.000{,}00$;

b) $n = 2 \;\therefore\; J = PV \times i \times n = \$\,100.000{,}00 \times 0{,}09 \times 2 = \$\,18.000{,}00$.

Expressão para cálculo do montante

Obtém-se a expressão do cálculo do montante de uma operação realizada no regime de juros simples utilizando a relação fundamental de equivalência de capitais, como se pode ver a seguir.

$$\text{Montante} = \text{capital} + \text{juros}$$

$$FV = PV + PV \times i \times n = PV\,(1 + i \times n)$$

Numa expressão única, obtemos:

$$FV = PV(1 + i \times n)$$

Denominamos fator de capitalização no regime de juros simples a expressão

$$(1 + i \times n)$$

A seguir você tem a representação gráfica da evolução do valor futuro de uma operação realizada no regime de juros simples. Observe que a evolução dos montantes ocorre segundo a equação de uma linha reta, sendo o *coeficiente linear* (intercepto) identificado pelo *PV*, e o *coeficiente angular* (declividade), pelo juro constante ao período $PV \times i$.

EVOLUÇÃO DO MONTANTE NO REGIME DE JUROS SIMPLES

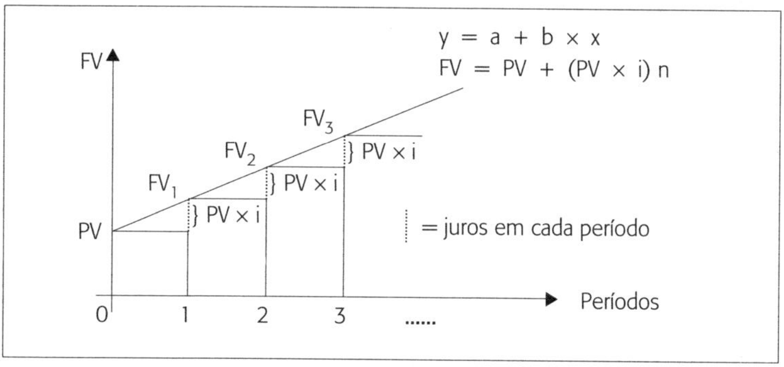

Exemplo: Um investidor aplicou \$ 20.000,00, à taxa de 10% ao mês, no regime de juros simples. Calcule o montante no final do primeiro mês e do quinto mês.

Solução: Dados — $PV = \$\ 20.000{,}00$; $i = 10\%$ a.m.; $n = 1$; $n = 5$.

$$FV_1 = PV(1 + i \times n) = \$\,20.000{,}00\,(1 + 0{,}10 \times 1) \quad \therefore \quad FV_1 = \$\,22.000{,}00$$

$$FV_5 = PV(1 + i \times n) = \$\,20.000{,}00\,(1 + 0{,}10 \times 5) \quad \therefore \quad FV_5 = \$\,30.000{,}00$$

Expressão para cálculo do capital

Como $FV = PV\ (1 + i \times n)$, temos:

$$PV = \frac{FV}{(1 + i \times n)} \quad \therefore \quad PV = FV\ \frac{1}{(1 + i \times n)}$$

Denominamos fator de descapitalização no regime de juros simples a expressão

$$\frac{1}{(1 + i \times n)}$$

Exemplo: Qual deve ser o capital de uma aplicação que resulte num montante de \$ 8.000,00 daqui a três meses a uma taxa de juros simples de 2% ao mês?

Solução: Dados — FV = \$ 8.000,00; i = 2% a.m.; n = 3 meses.

$$PV = \frac{FV}{\$\ 1 + i \times n} = \frac{\$\ 8.000,00}{1 + 0,02 \times 3} \quad \therefore \quad PV = \$\ 7.547,17$$

Expressão para cálculo do número de períodos

$$FV = PV\,(1 + i \times n) \quad \therefore \quad \frac{FV}{PV} = 1 + i \times n \quad \therefore \quad i \times n = \frac{FV}{PV} - 1 \quad \therefore$$

$$n = \frac{\left(\frac{FV}{PV} - 1\right)}{i}$$

Exemplo: Por quantos períodos deve-se manter uma aplicação no valor de \$ 1.363,40, à taxa de 1,5% ao trimestre, para gerar um montante de \$ 3.000,00?

Solução: Dados — PV = \$ 1.363,40; FV = \$ 3.000,00; i = 1,5% a.t.

$$n = \frac{\left(\frac{FV}{PV} - 1\right)}{i} = \frac{\left(\frac{\$\,3.000,00}{\$\,1.363,40} - 1\right)}{0{,}015} \quad \therefore \quad n = 80{,}03 \text{ trimestres}$$

Expressão para cálculo da taxa de juros

Da expressão de n obtemos diretamente:

$$i = \frac{\left(\frac{FV}{PV} - 1\right)}{n}$$

Exemplo: Qual é a taxa de juros que, aplicada a um capital no valor de \$ 1.800,00, gera como montante o dobro desse capital no período de quatro semestres?

Solução: Dados — PV = \$ 1.800,00; $FV = 2 \times PV$; n = 4 semestres; logo, FV = 2 × \$ 1.800,00 = \$ 3.600,00.

$$i = \frac{\left(\frac{FV}{PV} - 1\right)}{n} = \frac{\left(\frac{\$\,3.600,00}{\$\,1.800,00} - 1\right)}{4} \quad \therefore \quad i = 0{,}25 \text{ a.s.} = 25\% \text{ a.s.}$$

Taxas de juros equivalentes simples

Sejam duas taxas de juros i_n e i_k. Como vimos no capítulo anterior, ocorrem z períodos k no prazo n. Essas taxas são ditas *equivalentes* se, ao serem aplicadas sobre um mesmo capital PV, no mesmo prazo n expresso na unidade de tempo da taxa i_n, produzirem o mesmo montante (FV).

Para que isso ocorra no regime de juros simples, as seguintes relações devem ser verdadeiras:

$$FV = PV\,(1 + i_n \times n) = PV\,(1 + i_k \times n \times z) \quad \therefore$$

$$1 + i_n \times n = 1 + i_k \times n \times z \quad \therefore \quad i_n \times n = i_k \times n \times z \quad \therefore$$

$$i_n = i_k \times z \quad \text{e} \quad i_k = i_n \div z$$

Assim, pode-se concluir que, no regime de juros simples, as expressões das taxas de juros equivalentes são iguais às expressões das taxas de juros proporcionais.

Exemplo: Que taxas são equivalentes à taxa de 18% ao trimestre, nos seguintes períodos, no regime de juros simples: (a) dia; (b) mês; (c) ano; e (d) semestre?

Solução: Dados — i = 18% a.t.

a) $i_d = i_t \div z \quad \therefore \quad i = 0{,}18 \div 90 = 0{,}002 \quad \therefore \quad i = 0{,}2\%$ a.d.

b) $i_m = i_t \div z \quad \therefore \quad i = 0{,}18 \div 3 = 0{,}06 \quad \therefore \quad i = 6\%$ a.m.

c) $i_a = i_t \times z \quad \therefore \quad i = 0{,}18 \times 4 = 0{,}72 \quad \therefore \quad i = 72\%$ a.a.

d) $i_s = i_t \times z \quad \therefore \quad i = 0{,}18 \times 2 = 0{,}36 \quad \therefore \quad i = 36\%$ a.s.

Equivalência de capitais em juros simples

Como vimos no capítulo 1, a relação fundamental de equivalência de capitais para um período é expressa pelas seguintes equações: $FV = PV\,(1 + i)$ e $PV = \frac{FV}{(1 + i)}$. No regime de juros simples essas equações de equivalência de capitais, considerando n períodos, são $FV = PV\,(1 + i \times n)$ e $PV = \frac{FV}{(1 + i \times n)}$.

Através dessas relações, e uma vez definida uma data de referência para contagem do tempo, é que se pode estabelecer a troca de dois ou mais capitais, de forma que eles sejam equivalentes financeiramente. Vale observar que não há ganho nem perda para nenhuma das partes, apenas um eventual interesse na troca temporal das datas de cumprimento dos compromissos. A data de referência também é denominada data focal, de comparação ou de avaliação. Os capitais envolvidos também são denominados compromissos ou obrigações.

Note-se que no regime de juros simples, para datas focais diferentes, os valores envolvidos na equivalência também serão diferentes, pois os prazos não são separáveis. Ou seja, consideremos $n = n1 + n2$. O valor futuro gerado pela expressão $PV\ (1 + i \times n)$ é diferente do valor futuro gerado pela expressão $PV\ (1 + i \times n1)(1 + i \times n2)$.

Por motivos de ordem prática, arbitra-se então a data focal zero (data de hoje) como a data focal a ser utilizada nos exemplos.

Dado um conjunto de capitais que constitua a obrigação original assumida, o problema é encontrar o conjunto de capitais que constitua o compromisso proposto, uma vez definidas a taxa de juros efetiva cobrada e a data de comparação considerada. O estabelecimento da igualdade dos dois conjuntos denomina-se equação (de determinação) de valor.

Exemplo: Uma empresa tem compromissos de \$ 2.000,00 e de \$ 2.500,00 a vencer de hoje a três e oito meses, respectivamente. Seu gerente financeiro propõe à empresa credora a troca desses compromissos por outros dois que lhe sejam equivalentes, a vencer de hoje a 10 e 15 meses, respectivamente. Considere que a taxa de juros linear cobrada é 10% ao mês e que as obrigações equivalentes devem ter valores iguais. Qual deve ser o valor único dessas obrigações?

Solução: Dados — $FV1$ = \$ 2.000,00; $FV2$ = \$ 2.500,00; $n1 = 3$; $n2 = 8$; $n3 = 10$; $n4 = 15$; i = 10% a.m.

Equação de valor:

$$\frac{\$\ 2.000,00}{1 + 0,1 \times 3} + \frac{\$\ 2.500,00}{1 + 0,1 \times 8} = \frac{FV}{1 + 0,1 \times 10} + \frac{FV}{1 + 0,1 \times 15} \therefore$$

$$\frac{\$\ 2.000,00}{1,3} + \frac{\$\ 2.500,00}{1,8} = \frac{FV}{2} + \frac{FV}{2,5} = FV\left(\frac{1}{2} + \frac{1}{2,5}\right) \therefore$$

$$\$\ 1.538,46 + \$\ 1.388,89 = FV \times 0,9 \quad \therefore \quad FV = \$\ 3.252,61$$

Exemplo: Uma empresa deseja trocar compromissos de $ 100.000,00 e $ 120.000,00, a vencer em dois e seis meses a partir de hoje, respectivamente, por um único título, vencível em quatro meses a partir de hoje. Qual deve ser o valor do novo compromisso, se a taxa de juros efetiva linear cobrada for de 5% ao mês?

Solução: Dados — $FV1$ = $ 100.000,00; $FV2$ = $ 120.000,00; $n1 = 2$; $n2 = 6$; $n3 = 4$; $i = 5\%$ a.m.

Equação de valor:

$$\frac{\$\ 100.000,00}{1 + 0,05 \times 2} + \frac{\$\ 120.000,00}{1 + 0,05 \times 6} = \frac{FV}{1 + 0,05 \times 4} \therefore$$

$$\$\ 90.909,09 + \$\ 92.307,69 = FV \times 0,8333333 \quad \therefore$$

$$FV = \$\ 219.860,14$$

Vejamos agora um exemplo de cálculo dos juros de cheque especial utilizado por um determinado banco.

Suponha que você tenha feito a seguinte movimentação em sua conta bancária:

EXTRATO

Data	Histórico	D	C	Saldo
1-3-X2	Saldo			200
2-3-X2	Cheque 0100	500		(300)
8-3-X2	Cheque 0101	1.000		(1.300)
15-3-X2	Depósito em dinheiro		2.000	700
20-3-X2	Cheque 0108	2.500		(1.800)
25-3-X2	Cheque 0110	500		(2.300)
28-3-X2	Cheque 0115	700		(3.000)

De posse desses dados, como você faria para saber o valor dos juros que serão debitados em sua conta corrente ao final do período? A taxa de juros cobrada pela instituição nessa linha de crédito é de 9% ao mês.

Solução:

- Cálculo da taxa de juros diária:

$$i_d = \frac{i_m}{30} \therefore i_d = \frac{9\%}{30} \therefore i_d = 0{,}3\% \text{ a.d.}$$

$$i_d = 0{,}003$$

- Determinação dos juros devidos por saldo devedor:

$$J_1 = SDev_1 \times i \times n_1 \therefore J_1 = 300 \times 0{,}003 \times 6 \therefore J_1 = 5{,}40$$

$$J_2 = SDev_2 \times i \times n_2 \therefore J_2 = 1.300 \times 0{,}003 \times 7 \therefore J_2 = 27{,}30$$

$$J_3 = SDev_3 \times i \times n_3 \therefore J_3 = 1.800 \times 0{,}003 \times 5 \therefore J_3 = 27{,}00$$

$$J_4 = SDev_4 \times i \times n_4 \therefore J_4 = 2.300 \times 0{,}003 \times 3 \therefore J_4 = 20{,}70$$

$$J_5 = SDev_5 \times i \times n_5 \therefore J_5 = 3.000 \times 0{,}003 \times 4 \therefore J_5 = 36{,}00$$

Obs.: O prazo associado ao saldo devedor de $ 3.000,00 foi de quatro dias, por estarmos analisando uma operação ocorrida no mês de março, que tem 31 dias.

- Juros totais a serem pagos:

$$Juros = J_1 + J_2 + J_3 + J_4 + J_5 \therefore$$

$$Juros = 5{,}40 + 27{,}30 + 27{,}00 + 20{,}70 + 36{,}00 \therefore$$

$$Juros = \$\,116{,}40$$

- Cálculo do IOF:

O cálculo do imposto sobre operações financeiras (IOF) referente a esse tipo de operação de crédito pode ser realizado da mesma forma que o cálculo dos juros, bastando para tanto substituir a taxa de juros pela alíquota diária do imposto. Nesse caso, a taxa de 0,3% ao dia será substituída pelo valor 0,0041%, que representa a alíquota diária do IOF vigente. Assim:

$$IOF_1 = SDev_1 \times alíq. \times n_1 \therefore IOF_1 = 300 \times 0{,}000041 \times 6 \therefore IOF_1 = 0{,}0738$$

$$IOF_2 = SDev_2 \times alíq. \times n_2 \therefore IOF_2 = 1.300 \times 0{,}000041 \times 7 \therefore IOF_2 = 0{,}3731$$

$$IOF_3 = SDev_3 \times alíq. \times n_3 \therefore IOF_3 = 1.800 \times 0{,}000041 \times 5 \therefore IOF_3 = 0{,}3690$$

$$IOF_4 = SDev_4 \times alíq. \times n_4 \therefore IOF_4 = 2.300 \times 0{,}000041 \times 3 \therefore IOF_4 = 0{,}2829$$

$$IOF_5 = SDev_5 \times alíq. \times n_5 \therefore IOF_5 = 3.000 \times 0{,}000041 \times 4 \therefore IOF_5 = 0{,}4920$$

$$IOF = IOF_1 + IOF_2 + IOF_3 + IOF_4 + IOF_5 \therefore$$

$$IOF = 0{,}0738 + 0{,}3731 + 0{,}3690 + 0{,}2829 + 0{,}4920 \therefore$$

$$IOF = \$\,1{,}59$$

A partir de janeiro de 2008 foi instituído um adicional de IOF à razão de 0,38% sobre o valor do saque que gera saldo devedor. Assim, teremos:

ADICIONAL DE IOF

Data	Saque/saldo devedor	%	IOF	Total
2-3-X2	(300)	0,38	1,14	1,14
8-3-X2	(1.000)	0,38	3,80	4,94
20-3-X2	(1.800)	0,38	6,84	11,78
25-3-X2	(500)	0,38	1,90	13,68
28-3-X2	(700)	0,38	2,66	16,34

Ao final do período deverão ser debitados em sua conta corrente, a título de pagamento de juros e IOF referentes à utilização de seu limite de cheque especial, os valores de $ 116,40 e $ 17,93 (1,59 + 16,34), respectivamente.

3 Regime de juros compostos

Conceito e utilização

No regime de capitalização a juros compostos, o cômputo dos juros é realizado, no primeiro período, multiplicando-se a taxa de juros pelo capital. A partir do segundo período, calculam-se os juros multiplicando a taxa definida pelo montante acumulado no fim de cada período imediatamente anterior (juros sobre juros). Desta forma, os juros são incorporados a cada período e, por conseguinte, seu valor cresce exponencialmente com o passar dos períodos.

Expressão para cálculo do montante

Seja um principal *PV* aplicado a juros compostos, à taxa de juros *i*.

$$FV_1 = PV + PV \times i \quad \therefore \quad FV_1 = PV\,(1 + i)$$

$$FV_2 = FV_1 + FV_1 \times i \quad \therefore \quad FV_2 = FV_1\,(1 + i) \quad \therefore$$

$$FV_2 = PV\,(1 + i)\,(1 + i) \quad \therefore$$

$$\therefore \quad FV_2 = PV\,(1 + i)^2$$

$$FV_3 = FV_2 + FV_2 \times i \quad \therefore \quad FV_3 = FV_2\,(1 + i) \quad \therefore$$

$$\therefore \quad FV_3 = PV_2\,(1 + i)^2\,(1 + i) \quad \therefore$$

$$\therefore \quad FV_3 = PV\,(1 + i)^3$$

Assim, pode-se deduzir que o valor futuro no enésimo período será expresso por:

$$FV = PV\,(1 + i)^n$$

Denomina-se fator de capitalização a expressão no regime de juros composto $(1 + i)^n$.

Apresentamos a seguir a representação gráfica da evolução do valor futuro de uma operação realizada no regime de juros compostos. Note que a evolução dos montantes ocorre segundo a equação de uma curva exponencial na forma de uma progressão geométrica de razão $(1 + i)$ e primeiro termo igual a *PV*.

EVOLUÇÃO DO MONTANTE NO REGIME DE JUROS COMPOSTOS

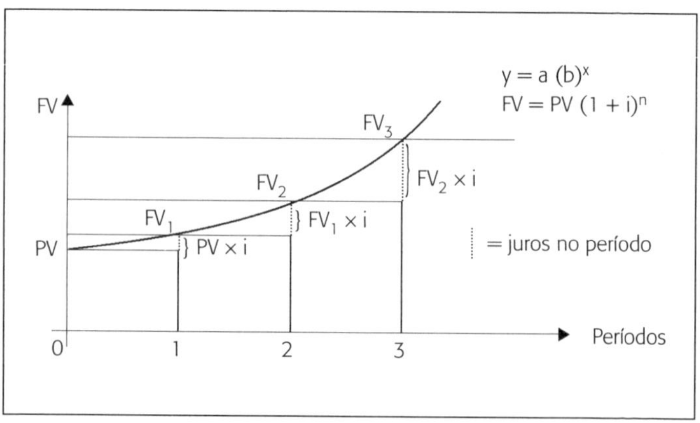

Exemplo: Tomou-se um empréstimo no valor de \$ 10.000,00 pelo prazo de três meses à taxa composta de 4% ao mês. Calcular o montante no final do terceiro mês.

Solução: Dados — PV = \$ 10.000,00; i = 4% a.m.; n = 3 meses.

$$FV_3 = PV\,(1 + i)^n = \$\ 10.000\,(1 + 0{,}04)^3 \quad \therefore \quad FV_3 = \$\ 11.248{,}64$$

Expressão para cálculo do capital

Como $FV = PV\,(1 + i)^n$,

$$PV = \frac{FV}{(1 + i)^n} \text{ ou, alternativamente, } PV = FV\,(1 + i)^{-n}.$$

O termo $(1 + i)^{-n}$ na expressão anterior é denominado fator de valor atual (de descapitalização ou de desconto composto).

Exemplo: Quanto se deve investir hoje para produzir \$ 517.900,00 em três meses, no regime de juros compostos, a uma taxa de 1,15% ao mês?

Solução: Dados — i = 1,15% a.m.; FV = \$ 517.900,00; n = 3 meses.

$$PV = \$\ 517.900{,}00\ \frac{1}{(1 + 0{,}0115)^3} \quad \therefore \quad PV = \$\ 500.435{,}66$$

Expressão para cálculo dos juros a partir do capital

Como

$$FV = PV\,(1 + i)^n \text{ e } FV = PV + J \ \backslash$$
$$PV\,(1 + i)^n - PV = J \ \backslash$$
$$J = PV[(1 + i)^n - 1]$$

Exemplo: Qual deve ser o rendimento obtido na aplicação de $ 1.000,00 durante dois meses, no regime de juros compostos, à taxa de 1% ao mês?

Solução: Dados — *PV* = $ 1.000,00; *i* = 1% a.m.; *n* = 2 meses.

$$J = \$\ 1.000,00\ [(1 + 0,01)^2 - 1] \quad \therefore \quad J = \$\ 20,10$$

Expressão para cálculo do número de períodos

Como

$$FV = PV\,(1 + i)^n \quad \therefore \quad \frac{FV}{PV} = (1 + i)^n \quad \therefore$$

aplicando logaritmos neperianos nos dois membros da última igualdade, tem-se:

$$\ln\left(\frac{FV}{PV}\right) = n \times \ln(1 + i) \quad \therefore \quad n = \frac{\ln\left(\frac{FV}{PV}\right)}{\ln(1 + i)}$$

Exemplo: Uma pessoa física aplicou $ 15.000,00 à taxa composta de 30% ao ano, recebendo após algum tempo o montante de $ 30.195,36. Durante quanto tempo o principal ficou aplicado? Expresse a resposta em fração de anos e em anos e número de meses.

Solução: Dados — *PV* = $ 15.000,00; *i* = 30%; *FV* = $ 30.195,36.

$$n = \frac{\ln\left(\frac{\$\ 30.195,36}{\$\ 15.000,00}\right)}{\ln(1 + 0,30)} \quad \therefore \quad n = 2,67 \text{ anos} \quad \therefore \quad n = 2 \text{ anos e } 8 \text{ meses}$$

Expressão para cálculo da taxa de juros

Como

$$\frac{FV}{PV} = (1 + i)^n \quad \therefore \quad \sqrt[n]{\frac{FV}{PV}} = 1 + i \Rightarrow i = \sqrt[n]{\frac{FV}{PV}} - 1$$

ou, alternativamente,

$$i = \left(\frac{FV}{PV}\right)^{\frac{1}{n}} - 1$$

Exemplo: Você recebe uma proposta para investir hoje \$ 300.000,00 e receber \$ 321.596,29 dentro de cinco meses. Qual a taxa de rentabilidade mensal implícita nessa aplicação financeira, em termos de juros compostos?

Solução: Dados — PV = \$ 300.000,00; FV = \$ 321.596,29; $n = 5$ meses.

$$i = \left(\frac{\$\,321.596,29}{\$\,300.000,00}\right)^{\frac{1}{5}} - 1 \quad \therefore \quad i = 0{,}014 \text{ ou } 1{,}4\% \text{ a.m.}$$

Taxas de juros equivalentes compostas

Sejam duas taxas de juros i_n e i_k, existindo z períodos k no prazo n. Como já vimos, taxas equivalentes são aquelas que, ao serem aplicadas sobre um mesmo principal PV, no mesmo prazo n expresso na unidade de tempo da taxa i_n, produzem o mesmo montante FV.

Assim, no regime de juros compostos, para que os montantes sejam iguais, as seguintes relações devem ser verdadeiras:

$$PV\,(1 + i_n)^n = PV\,(1 + i_k)^{n \times z} \quad \therefore \quad (1 + i_n)^n = (1 + i_k)^{n \times z} \quad \therefore$$

$$i_n = (1 + i_k)^z - 1 \quad \text{e} \quad i_k = (1 + i_n)^{1/z} - 1$$

Logo, no regime de juros compostos, taxas equivalentes *não* são taxas proporcionais.

Exemplo: Qual a taxa anual equivalente, no regime de juros compostos, à taxa de 1,5% ao mês?

Solução: Dados — i_k = 1,5% a.m.; z = 12.

$$i_n = (1 + 0{,}015)^{12} - 1 \quad \therefore \quad i_n = 0{,}1956 \text{ a.a.} = 19{,}56\% \text{ a.a.}$$

Exemplo: Qual a taxa mensal equivalente composta à taxa de 4% aos 40 dias?

Solução: Dados — i_n = 4% a. 40 dias; z = 40/30; 1/z = 30/40.

$$i_k = (1 + 0{,}04)^{30/40} - 1 \quad \therefore \quad i_k = 0{,}0299 \text{ a.m.} = 2{,}99\% \text{ a.m.}$$

Transformação de taxas nominais em taxas efetivas

Nas fórmulas do regime de juros compostos, caso a taxa de juros apresentada seja nominal, deve-se primeiro encontrar a taxa efetiva relativa ao período de capitalização existente na referida taxa nominal, para então realizar, se necessário, a compatibilização das unidades de tempo. Assim sendo, para obter a taxa efetiva i_n e a taxa efetiva i_k correspondentes a uma dada taxa nominal i_n capitalizada ao período k, devemos utilizar o seguinte procedimento:

- a taxa efetiva i_k correspondente é a taxa que lhe seja proporcional:

$$i_k \text{ efetiva} = \frac{i_n \text{ nominal}}{z}$$

- a taxa efetiva i_n correspondente é a taxa equivalente composta da taxa i_k:

$$i_n \text{ efetiva} = (1 + i_k \text{ efetiva})^z - 1 = \left(1 + \frac{i_n \text{ nominal}}{z}\right)^z - 1$$

No mercado, quando se fala de taxas equivalentes, pressupõe-se que se esteja falando de equivalência segundo o regime de juros compostos, e dá-se também o nome de taxa efetiva à taxa que, efetivamente, será auferida na operação realizada, em contraste com a taxa nominal, também denominada taxa contratada (declarada) na operação.

Exemplo: A taxa de juros nominal cobrada por uma instituição financeira é de 12% a.a. Calcular a taxa efetiva anual, sabendo-se que o período de capitalização dos juros é: (a) mensal; (b) trimestral; (c) semestral.

Solução: Dados — i_n nominal = 12% a.a.; k_1 = mês; $z_1 = 12$; k_2 = trimestre; $z_2 = 4$; k_3 = semestre; $z_3 = 2$.

a) $i_k \text{ efetiva} = \dfrac{0,12}{12} = 0,01 \therefore i_n = (1 + 0,01)^{12} - 1 \therefore$

$i_n = 0,1268 = 12,68\%$ a.a.

b) $i_k \text{ efetiva} = \dfrac{0,12}{4} = 0,03 \therefore i_n = (1 + 0,03)^{4} - 1 \therefore$

$i_n = 0,1255 = 12,55\%$ a.a.

c) $i_k \text{ efetiva} = \dfrac{0,12}{2} = 0,06 \therefore i_n = (1 + 0,06)^{2} - 1 \therefore$

$i_n = 0,1236 = 12,36\%$ a.a.

Como se pode constatar nos exemplos apresentados, uma taxa de juros efetiva i_n é sempre maior do que a correspondente taxa de juros nominal i_n capitalizada ao período k, sendo a diferença entre essas taxas tanto maior quanto maiores forem o número de períodos de capitalização e o valor da taxa nominal.

Transformação de taxas efetivas em taxas nominais

Embora taxas nominais não possam ser utilizadas diretamente nas fórmulas desenvolvidas, é importante, para fins de comparação das taxas apresentadas no mercado financeiro, saber qual taxa nominal i_n capitalizada ao período k equivale a uma dada taxa efetiva i_n. Para tanto, procede-se de maneira inversa àquela mostrada anteriormente. Assim, a taxa nominal i_n correspondente é a taxa que é proporcional à taxa efetiva i_k.

$$i_n \text{ nominal} = z \times i_k \text{ efetiva} = z\,[(1 + i_n \text{ efetiva})^{1/z} - 1]$$

Exemplo: Que taxa nominal anual equivale a uma taxa efetiva de 29% ao ano, considerando capitalização mensal?

Solução: Dados — n = 1 mês; z = 12; i_n efetiva = 29% a.a.

$$i_n \text{ nominal} = 12\,[(1 + 0{,}29)^{1/12} - 1] \;\therefore\; i = 0{,}2574 = 25{,}74\% \text{ a.a. nominal com capitalização mensal}$$

Capitais equivalentes

Como você viu no primeiro capítulo, a relação fundamental de equivalência de capitais para um período é expressa pelas seguintes equações:

$$FV = PV\,(1 + i) \quad \text{e} \quad PV = \frac{FV}{(1 + i)}$$

No regime de juros compostos, essas equações de equivalência de capitais, considerando n períodos, são:

$$FV = PV\,(1 + i)^n \quad \text{e} \quad PV = \frac{FV}{(1 + i)^n}$$

Através dessas relações, e uma vez definida uma *data de referência* para contagem do tempo, é que se pode estabelecer a troca de dois ou mais capitais, de forma que eles sejam *equivalentes financeiramente*. Observe-se que não há ganho nem perda para nenhuma das partes, apenas um eventual interesse na troca temporal das datas de cumprimento dos compromissos. Como vimos, a data de referência é também denominada data focal, de comparação ou de avaliação. Os capitais envolvidos chamam-se também *compromissos* ou *obrigações*.

É importante ressaltar que, no regime de juros compostos, ao aplicar-se um capital PV a uma taxa i, o montante obtido após n períodos de capitalização é igual àquele resultante da aplicação do mesmo capital pelo prazo n_1 e depois pelo prazo n_2, sendo $n = n_1 + n_2$. Isto é:

$$PV(1 + i)^n = PV(1 + i)^{n_1}(1 + i)^{n_2} = PV(1 + i)^{n_1 + n_2}$$

Portanto, o regime de juros compostos é separável (cindível) no prazo. Assim, nesse regime, a equivalência financeira entre conjuntos de capitais é independente da data focal, o que faz com que conjuntos de capitais equivalentes numa certa data focal também o sejam em qualquer outra data.

Dado, então, um conjunto de capitais que constitua a obrigação original assumida, o problema é encontrar o conjunto de capitais que constitua o compromisso proposto, uma vez definida a taxa de juros efetiva cobrada. O estabelecimento da igualdade dos dois conjuntos denomina-se equação (de determinação) de valor.

Exemplo: Uma empresa tem compromissos de \$ 2.000,00 e de \$ 2.500,00 a vencer de hoje a três e oito meses, respectivamente. Seu gerente financeiro propõe à empresa credora a troca desses compromissos por outros dois que lhe sejam equivalentes, a vencer de hoje a 10 e 15 meses, respectivamente. Considere que a taxa de juros efetiva cobrada é de 10% ao mês e que as obrigações equivalentes devem ter valores iguais. Qual deve ser o valor único dessas obrigações?

Solução: Dados — FV_1 = \$ 2.000,00; FV_2 = \$ 2.500,00; $n_1 = 3$; $n_2 = 8$; $n_3 = 10$; $n_4 = 15$; $i = 10\%$ a.m.

Equação de valor (tomando a data de hoje como a de comparação):

$$\frac{\$\,2.000,00}{(1+0,10)^3}+\frac{\$\,2.500,00}{(1+0,10)^8}=\frac{FV}{(1+0,10)^{10}}+\frac{FV}{(1+0,10)^{15}} \therefore$$

$$\frac{\$\,2.000,00}{1,331}+\frac{\$\,2.500,00}{2,143589}=\frac{FV}{2,593742}+\frac{FV}{4,177248}=$$

$$=FV\left(\frac{1}{2,593742}+\frac{1}{4,177248}\right) \therefore$$

$$\$\,2.668,90 = FV\,(0,385543 + 0,239392) = FV \times 0,624935 \therefore$$

$$FV = \$\,4.270,68$$

Operações com taxas compostas pós-fixadas

Considerando que o comportamento da indexação ao longo do tempo é exponencial, e que nos *n* períodos as taxas de correção monetária (*cm*) tenham sido iguais, obtém-se:

$$FV = PV\,(1+i)^n \;\therefore\; FV = PV\,(1+r)^n\,(1+cm)^n \;\therefore$$
$$FV = PV\,[(1+r)\,(1+cm)]^n$$

Exemplo: Calcular o montante relativo a \$ 2.500,00, aplicados a juros compostos no fim de 12 meses, supondo-se uma taxa de correção monetária constante de 2% ao mês, de modo a garantir à operação uma rentabilidade real de 1% ao mês.

Solução: Dados — \$ 2.500,00; *n* = 12 meses; *cm* = 2% a.m.; *r* = 1% a.m.

$$FV = PV\,(1+r)^n\,(1+cm)^n \;\therefore$$

$$FV = \$\,2.500,00\,(1+0,01)^{12}\,(1+0,02)^{12} \;\therefore$$

$$FV = \$\,3.572,72$$

Exemplo: Você aplicou \$ 2.000,00 durante três meses a uma taxa real de 0,5% ao mês. Qual deve ser o montante gerado pela aplicação, sabendo-se que os valores assumidos para a taxa de variação do indexador utilizado para cada mês são iguais a 1,46%, 1,96% e 1,87%, respectivamente?

Solução: Dados — r = 0,5%; cm_1 = 1,46%; cm_2 = 1,96%; cm_3 = 1,87%; n = 3 meses.

$$FV = \$\ 2.000,00\ (1 + 0,005)^3\ (1 + 0,0146)\ (1 + 0,0196)\ (1 + 0,0187)\ \therefore$$
$$FV = \$\ 2.139,44$$

Exemplo: Calcular o valor do pagamento de um empréstimo no valor de $ 100.000,00 pelo prazo de 31 dias, sabendo-se que o credor cobrou uma taxa de juros composta de 12% ao ano mais a variação monetária determinada por certo indexador. Suponha que a taxa de atualização monetária desse período tenha sido de 1%.

Solução: Dados — PV = $ 100.000,00; n = 31 dias; cm = 1%; r = 12% a.a.

$$FV = \$\ 100.000,00\ (1 + 0,01)\ (1 + 0,12)^{31/360}\ \therefore\ FV = \$\ 101.990,47$$

Juros compostos na calculadora HP-12C

Os cálculos financeiros na HP-12C podem ser realizados de duas formas diferentes. Na primeira utilizam-se diretamente as teclas dos registradores financeiros. Na segunda utilizam-se as funções matemáticas da calculadora, sendo necessário conhecer as expressões dos regimes de capitalização.

A utilização dos registradores financeiros permite não só aplicar diretamente as fórmulas apresentadas, mas também efetuar cálculos de forma rápida e segura, desde que se saiba o que eles representam. Para operar corretamente a calculadora é necessário seguir a simbologia do fluxo de caixa, introduzindo com o sinal negativo todas as saídas de caixa. Em geral adota-se o seguinte procedimento:

- apague o conteúdo dos registradores financeiros pressionando f FIN;

- introduza as variáveis conhecidas (no mínimo três) teclando **CHS** quando a variável representar uma saída de caixa.

Variável	Funções	Visor
Prazo	n	Compatível com **i**
Taxa	i	na forma percentual
Capital	PV	usar CHS se necessário
Prestação	PMT	usar CHS se necessário
Montante	FV	usar CHS se necessário

- pressione a tecla correspondente à variável cujo valor deseja encontrar.

Vale observar que, até o item de séries uniformes de pagamentos, você utilizará sempre o valor zero para a tecla **PMT** (que já estará automaticamente zerada pressionando-se **f FIN**).

Sempre que a variável a ser calculada é o prazo, a HP-12C arredonda o valor obtido para o número inteiro imediatamente inferior quando a parte fracionada de **n** é menor do que 0,005. Caso contrário, arredonda o valor para o inteiro imediatamente superior. Um meio de evitar o arredondamento é utilizar a fórmula apresentada para **n**.

No processo de compatibilização entre as unidades de tempo do prazo e da taxa de juros no regime de capitalização a juros simples, uma forma rápida de calcular e armazenar no registrador financeiro **i** a taxa proporcional (equivalente simples) mensal a uma dada taxa de juros anual é introduzir essa taxa e, a seguir, pressionar **g 12÷**. A compatibilização pode ser feita para os dois regimes de capitalização, fornecendo o prazo em anos e pressionando **g 12x**, de modo que o prazo em meses fique armazenado no registrador financeiro **n**.

Exemplo: Você recebe uma proposta para investir hoje $ 300.000,00 e receber $ 309.067,50 dentro de dois meses. Qual a taxa (efetiva) composta de rentabilidade mensal implícita nessa aplicação financeira?

Solução: Dados — PV = $ 300.000,00; FV = $ 309.067,50; n = 2 meses.

Dados	Tecla/função	Visor	Comentários
	f CLEAR FIN	0,00	apaga o conteúdo dos registradores financeiros
300.000	CHS PV	–300.000,00	armazena capital aplicado
309.067,50	FV	309.067,50	armazena montante recebido
2	n	2,00	armazena prazo em meses
	i	1,50	obtém taxa de juros mensal já expressa em %

ou

Dados	Tecla/função	Visor	Comentários
309.067,50	ENTER	309.067,50	FV
300.000		300.000,00	PV
	÷	1,03	FV ÷ PV
2		2,00	número de períodos
	1/x	0,50	expoente 1/n da raiz
	y^x	1,02	raiz 1/n de FV/PV
1		1,00	subtrai 1 da raiz
	–	0,02	**i** na forma unitária
100	×	1,50	**i** na forma percentual

Exemplo: Calcular o valor atual do fluxo de caixa apresentado a seguir, para uma taxa efetiva composta de 4% a.m.

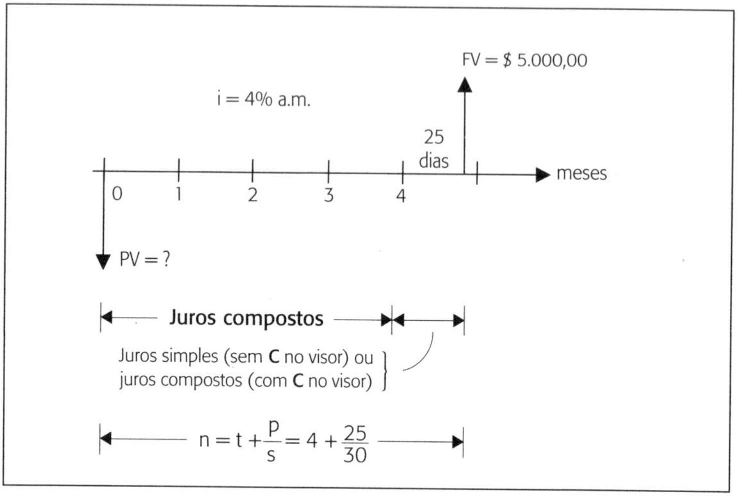

Solução: Dados — FV = $ 5.000,00; i = 4% a.m.; n = 4 meses e 25 dias.

Colocar a letra C no visor. Nesse caso, os cálculos são feitos a juros compostos em todos os períodos, inclusive no período fracionado, à direita de n = 4. Para o fluxo de caixa do exemplo, tem-se:

Dados	Tecla/função		Visor	Comentários
	STO	EEX	0,000 c	usa juros compostos
0		PMT	0,000	não existem prestações
25	ENTER		25,000	prazo fracionado em dias
30	÷		0,833	fração do mês
4	+	n	4,833	armazena prazo fracionário
4		i	4,000	armazena taxa de juros mensal
5.000	CHS	FV	–5.000,000	armazena montante da operação
		PV	4.136,59	valor atual da operação

Alternativamente, lançando mão da fórmula, tem-se:

$$PV = \frac{FV}{(1 + 0{,}04)^{4 + (25/30)}}$$

Dados	Tecla/função	Visor	Comentários
145	ENTER	145,000	prazo fracionado em dias
30	÷	4,8333	prazo em meses
1,04	x≷y y^x	1,2087	inverso do fator do valor atual a juros compostos
5.000	x≷y ÷	4.136,59	valor presente

Como se vê, esse resultado coincide com o anteriormente obtido.

Exemplo: Calcular o pagamento final de um empréstimo no valor de \$ 40.000,00 pelo prazo de 32 dias à taxa composta de 28% ao ano.

Solução: Dados — *PV* = \$ 40.000,00; *i* = 28% a.a.; *n* = 32 dias; usar 32/360 no *n*.

$$FV = \$\,40.000\,(1 + 0{,}28)^{32/360} \quad \therefore \quad FV = \$\,40.887{,}43$$

Dados	Tecla/função	Visor	Comentários
	f FIN	0,00000	apaga registros financeiros
32	ENTER	32,00000	prazo em dias
360	÷	0,08889	fração do ano
	n	0,08889	armazena prazo fracionado
28	i	28,00000	armazena taxa de juros anual
40.000	CHS PV	–40.000,000	valor do capital
	FV	40.887,43	valor futuro

Exemplo: Calcular o valor presente de um título de valor de resgate de \$ 56.000,00, a vencer daqui a 91 dias, à taxa composta de 23% ao ano.

Solução: Dados — FV = \$ 56.000,00; i = 23% a.a.; n = 91 dias; usar 91/360 no n.

$$PV = \$\,56.000 \left[\frac{1}{(1 + 0{,}23)^{91/360}}\right] \quad \therefore \quad PV = \$\,53.144{,}95$$

Dados	Tecla/função		Visor	Comentários
	f	FIN	0,00000	apaga registros financeiros
91	ENTER		91,00000	prazo em dias
360	÷		0,25278	fração do ano
		n	0,25278	armazena prazo fracionado
23		i	23,00000	armazena taxa de juros anual
56.000	CHS	FV	–56.000,000	valor futuro da operação
		PV	53.144,95	valor presente da operação

Exemplo: Calcular o valor futuro de um investimento no valor de \$ 25.000,00 à taxa composta de 1,8% ao mês no final de 122 dias.

Solução: Dados — PV = \$ 25.000,00; i = 1,8% a.m.; n = 122 dias; usar 122/30 no n.

$$FV = \$\,25.000\,(1 + 0{,}018)^{122/30} \quad \therefore \quad FV = \$\,26.881{,}14$$

Dados	Tecla/função		Visor	Comentários
	f	FIN	0,000	apaga registros financeiros
122	ENTER		122,000	prazo em dias
30	÷		4,067	fração em meses
		n	4,067	armazena prazo fracionado
1,8		i	1,800	armazena taxa de juros mensal
25.000	CHS	PV	–25.000,000	valor presente da operação
		FV	26.881,14	valor futuro da operação

Exemplo: Um cliente tomou um empréstimo no valor de \$ 18.000,00 e pagou, após 20 dias, \$ 18.224,53. Calcular a taxa composta anual da operação.

Solução: Dados — *PV* = \$ 18.000,00; *FV* = \$ 18.224,53; *n* = 20 dias; usar 20/360 no *n*.

$$\$\ 18.224{,}53 = \$\ 18.000{,}00\ (1 + i)^{20/360} \quad \therefore \quad i = 25\%\ \text{a.a.}$$

Dados	Tecla/função		Visor	Comentários
	f	FIN	0,00000	apaga registros financeiros
20	ENTER		20,00000	prazo em dias
360	÷		0,05556	fração do ano
		n	0,05556	armazena prazo fracionado
18.000		PV	18.000,00	valor presente
18.224,53	CHS	FV	−18.224,53	valor futuro da operação
		i	25,00	taxa anual da operação

Exemplo: Calcular o valor do montante de um empréstimo no valor de \$ 100.000,00 pelo prazo de 31 dias, sabendo-se que o credor cobrou uma taxa de juros composta de 12% ao ano mais a correção monetária determinada por um dado indexador. Suponha que a correção monetária desse período tenha sido de 1%.

Solução: Dados — *PV* = \$ 100.000,00; *n* = 31 dias; usar 31/360 no *n*; cm = 1%; *r* = 12% a.a.; (1 + cm) = 1,01.

$$FV = \$\ 100.000\ (1{,}01)\ (1 + 0{,}12)^{31/360} \quad \therefore \quad FV = \$\ 101.990{,}47$$

Dados	Tecla/função	Visor	Comentários
100.000	ENTER	100.000,00	valor do empréstimo
1,01	×	101.000,00	produto do valor do empréstimo pelo fator de atualização monetária
1,12	ENTER	1,12	fator da taxa de juros
31	ENTER	31,00	prazo em dias
360	÷	0,09	fração do prazo
	y^x	1,01	exponencia o fator da taxa de juros
	×	101.990,47	montante da operação

4 Séries uniformes de pagamentos

Definição

Este capítulo trata da teoria que rege as séries uniformes de pagamentos ou recebimentos. Em que consistem, na prática, as séries de pagamentos? São as prestações que você já conhece, aquele carnê da loja de eletrodomésticos ou o carnê do *leasing* do carro novo, por exemplo. Como você já percebeu, as séries de pagamentos estão muito presentes em nosso dia a dia de modo que é importantíssimo, para sua "saúde financeira" ou de sua empresa, saber como calcular as taxas de juros envolvidas nessas operações financeiras.

O termo da série uniforme de pagamentos será representado por *PMT*, que nada mais é do que o valor do pagamento ou recebimento a realizar-se numa data preestabelecida. Empregamos essa notação devido à crescente utilização das calculadoras financeiras, onde esse termo é representado pela tecla *PMT* (abreviatura da palavra inglesa *payment*).

As séries de pagamentos podem ser *temporárias*, quando seus termos têm um período de tempo definido, ou *perpétuas*, quando a série tem início, mas não tem fim preestabelecido. Nesse caso, o número de períodos de capitalização (n) tende para o infinito, razão pela qual são chamadas de séries perpétuas ou séries infinitas.

Como exemplo de séries perpétuas, também conhecidas como perpetuidades, cabe citar o rendimento auferido pelo aluguel ou arrendamento de um bem, quando se investe nele visando rendas periódicas iguais e não há prazo definido para se desfazer desse bem.

As séries de pagamentos podem ser *postecipadas*, quando o vencimento de todos os pagamentos ou recebimentos ocorre no *final* de cada período, ou *antecipadas*, quando os vencimentos ocorrem no *início* de cada período, ou ainda *diferidas*, quando ocorrem ao término de um período de carência.

A calculadora HP-12C está programada para calcular séries de pagamentos postecipadas. Porém, se teclarmos **g BEG** (função azul da tecla 7), ela estará preparada para calcular séries de pagamento antecipadas. Nesse caso, aparece a palavra **BEGIN** no visor; para voltar à condição de séries de pagamentos postecipadas, basta teclar **g END** (função azul da tecla 8). Uma série de pagamentos postecipada, cujos pagamentos ocorrem no final dos períodos, pode ser demonstrada graficamente da seguinte forma:

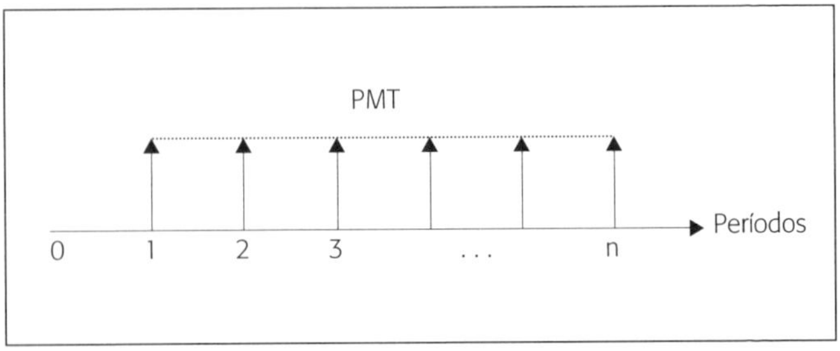

Uma série de pagamentos antecipada, cujos pagamentos ocorrem no início de cada período, poderá ser assim representada graficamente:

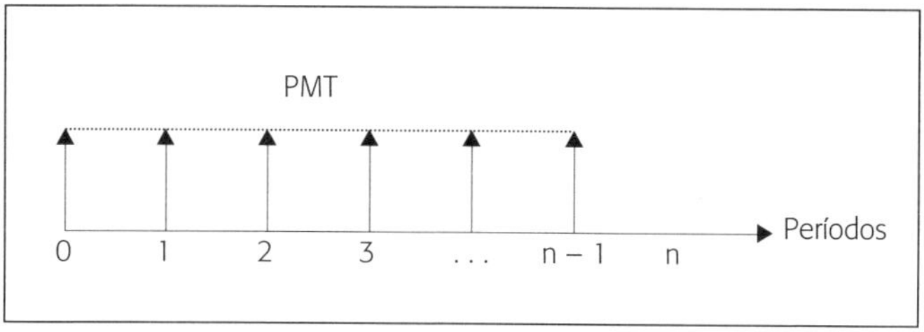

Por último, segue-se a representação gráfica de uma série de pagamentos diferida, cabendo notar que há um *período de carência* antes de ocorrer o primeiro pagamento:

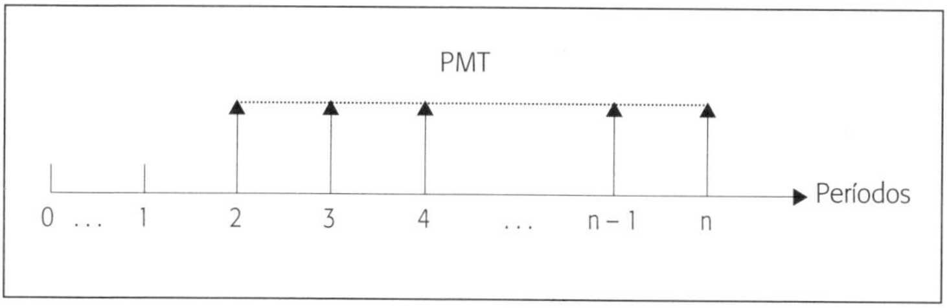

Repare que no exemplo não ocorre pagamento no primeiro período. Trata-se de uma série de pagamentos postecipada, que tem início no final do segundo período, ao contrário da tradicional, cujo primeiro pagamento ocorre no final do primeiro período. Mais adiante veremos como se calcula a taxa de juros desse tipo de série de pagamentos.

Observe que, em todos os gráficos, *PMT* é o termo da série uniforme de pagamentos e *n* é o número de períodos de capitalização.

Vale também mencionar que essa modalidade de pagamentos — parcelas iguais e consecutivas — é usualmente conhecida como tabela (ou modelo) Price e se baseia no sistema francês de amortizações, como veremos adiante.

Como as prestações têm o mesmo valor, é possível obter fórmulas simplificadas para a capitalização e o desconto dessas parcelas (como vimos no capítulo referente a juros compostos), utilizando o princípio da soma dos termos de uma progressão geométrica.

Expressão para cálculo do valor futuro (FV), dada a prestação (PMT)

Lembre-se do que foi dito no capítulo referente a juros compostos, quando se mostrou o processo de capitalização de um valor presente para uma data futura, isto é, o cálculo do valor futuro, partindo de um valor atual.

O fluxo de caixa (diagrama) de uma série de pagamentos iguais e seu valor futuro equivalente pode ser assim ilustrado:

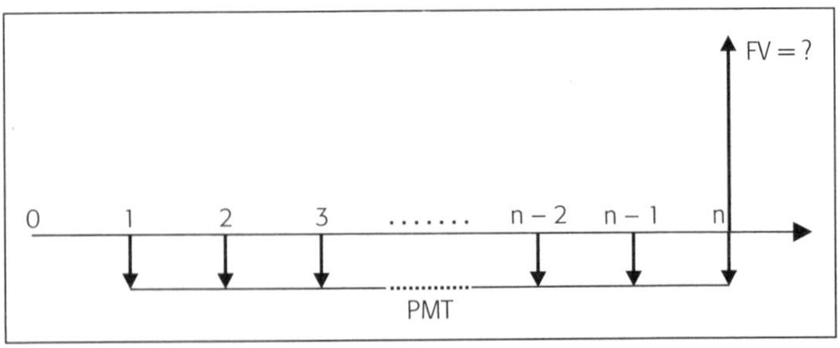

Lembre-se de que o objetivo é calcular o valor futuro (*FV*) equivalente à série de pagamentos iguais (*PMT*) que ocorrem desde o final do período 1 até o final de *n*, inclusive.

Você sabe que, considerando o valor do dinheiro no tempo, as prestações serão capitalizadas, período a período, à taxa de juros i.

Assim, pode-se afirmar que o valor futuro dessa série de pagamentos iguais é equivalente à soma da capitalização de todos os pagamentos para o período n.

Como calcular este valor futuro? Observe que a última prestação já está no ponto n, futuro, exatamente onde se deseja calcular o FV. Esta última prestação, portanto, não capitaliza juros, e seu valor no final do período n é igual a PMT. Todavia, a penúltima prestação irá capitalizar juros durante um período, e seu valor futuro, no final do período n, será: $PMT\ (1 + i)$.

A antepenúltima prestação capitaliza juros durante dois períodos, e seu valor futuro no final do período n será: PMT $(1 + i)^2$.

A primeira prestação, a que ocorre ao final do primeiro período, será capitalizada durante $(n - 1)$ períodos e, no final do período n, será: $PMT\ (1 + i)^{n-1}$. Obtém-se, então:

$$FV = PMT + PMT\ (1 + i) + PMT\ (1 + i)^2 + ... + PMT\ (1 + i)^{n-2} + PMT\ (1 + i)^{n-1}$$

ou seja,

$$FV = PMT\ [1 + (1 + i) + (1 + i)^2 + ... + (1 + i)^{n-2} + (1 + i)^{n-1}] \qquad (1)$$

Note que o termo entre colchetes corresponde à soma dos termos de uma progressão geométrica (PG) de razão $(1 + i)$. Multiplicando-se ambos os membros de (1) por $(1 + i)$, tem-se:

$$FV\ (1 + i) = PMT\ [(1 + i) + (1 + i)^2 + ... + (1 + i)^{n-1} + (1 + i)^n] \qquad (2)$$

Repare que, subtraindo da expressão (2) a expressão (1), você chegará a:

$$FV \times i = PMT\,[(1 + i)^n - 1]$$

e, portanto, obterá a seguinte expressão:

$$FV = PMT \left[\frac{(1 + i)^n - 1}{i} \right]$$

Expressão para cálculo da prestação (PMT), dado o valor futuro (FV)

Vejamos como calcular o valor dos pagamentos iguais (*PMT*) equivalentes ao valor futuro (*FV*), no final do período *n*, a uma determinada taxa de juros *i*:

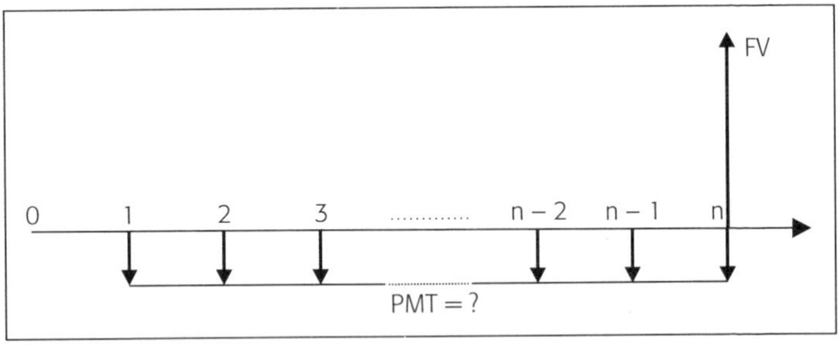

O cálculo do *PMT* a partir de *FV* é obtido pela relação inversa àquela que foi determinada na seção anterior, ou seja:

$$PMT = FV \frac{i}{(1 + i)^n - 1}$$

Expressão para cálculo do valor presente (PV), dada a prestação (PMT)

Agora vejamos como determinar o valor presente (*PV*), ou capital, ou preço à vista, a partir do desconto das *n* prestações da série de pagamentos, todas com o mesmo valor (*PMT*), considerando a taxa de juros *i* por período, no regime de juros compostos.

O diagrama, nesse caso, ficará assim:

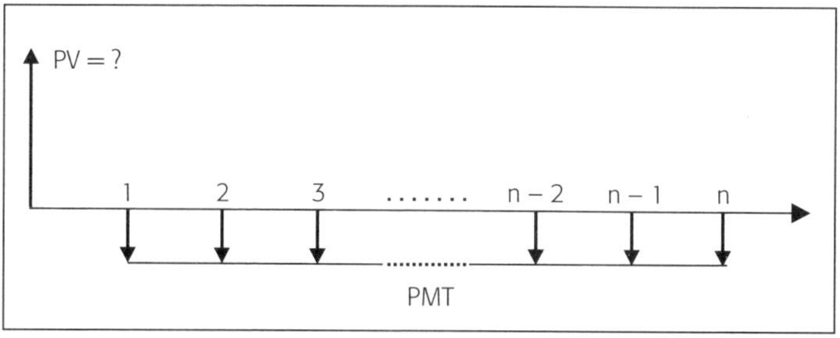

Vale lembrar que as séries de pagamentos iguais aqui estudadas são sempre postecipadas. Partindo da demonstração anterior, vimos que:

$$FV = PMT\left[\frac{(1+i)^n - 1}{i}\right] \qquad (3)$$

Sabemos também que:

$$FV = PV\,(1+i)^n$$

Logo, mediante um pequeno artifício matemático, podemos substituir o valor de *FV* em (3):

$$PV\,(1+i)^n = PMT\left[\frac{(1+i)^n - 1}{i}\right]$$

Assim, chegamos à formulação final, que nos permite calcular *PV*, dados o *PMT*, o número de períodos (*n*) e a taxa de juros (*i*), no caso de pagamentos postecipados:

$$PV = PMT\left[\frac{(1+i)^n - 1}{(1+i)^n i}\right]$$

Expressão para cálculo da prestação (PMT), dado o valor presente (PV)

Agora vamos calcular o valor dos pagamentos iguais (*PMT*), equivalentes ao valor presente (*PV*), no caso de *n* pagamentos postecipados, a uma determinada taxa de juros *i*.

Explicitando *PMT* na fórmula anterior, veremos que o *PV* será multiplicado pelo inverso da fração acima calculada, para se obter o *PMT*. Assim:

$$PMT = PV\left[\frac{(1+i)^n i}{(1+i)^n - 1}\right]$$

Aplicações das expressões

A partir das fórmulas apresentadas, temos, entre outras, as seguintes aplicações:

- cálculo do valor da prestação a pagar (*PMT*), sabendo-se a taxa de juros (*i*), o número de prestações (*n*) e o valor que se tomará emprestado hoje (*PV*);
- cálculo do valor presente (*PV*), ou preço à vista, equivalente a uma série de pagamentos iguais (*PMT*), a uma taxa de juros (*i*), conhecendo-se o número de prestações (*n*);
- cálculo do montante (*FV*) que teremos à nossa disposição, caso queiramos investir uma certa quantia por período (*PMT*), durante *n* períodos, aplicada à taxa de juros (*i*) por período;
- cálculo da quantia que devemos investir periodicamente (*PMT*) durante *n* períodos, aplicada à taxa de juros (*i*) por período, para alcançar determinado montante (*FV*);
- cálculo da taxa de juros (*i*) implícita num plano a prazo, sabendo-se o preço à vista (*PV*), o número de parcelas (*n*) e o valor de cada prestação (*PMT*);

- cálculo do número de prestações (n) necessárias para quitar uma dívida que temos hoje (PV), sabendo-se a taxa de juros (i) envolvida na operação e o valor da prestação (PMT).

Cabe fornecer aqui mais informações sobre a calculadora financeira HP-12C. Essa máquina, criada nos anos 1970, ainda hoje é a mais usada no setor financeiro, por ser considerada quase perfeita e de fácil manejo. Considerando que muitos não estão familiarizados com a máquina, elaboramos um pequeno manual prático para orientar o leitor nos cálculos financeiros mais usuais.

Identificação das teclas financeiras:

- **n** número de períodos de capitalização, expresso em qualquer unidade de tempo (dentro da frequência de capitalização), podendo ser um número inteiro ou fracionário;
- **i** taxa de juros por período de capitalização, expressa em percentagem;
- **PV** valor presente, valor atual, capital ou principal;
- **PMT** valor do pagamento ou recebimento em uma série uniforme;
- **FV** valor futuro ou montante;
- **CHS** mudança de sinal (*change signal*), utilizada para digitar um número negativo.

Cálculos financeiros na HP-12C:

- Limpa-se a memória, principalmente das teclas financeiras, apertando, em sequência, a tecla **f** (tecla amarela) e a tecla **x ≷ y** (em amarelo, **FIN**) ou a tecla **f** e a tecla **CLx** (em amarelo, **REG**). A limpeza da memória da máquina antes de iniciar qualquer operação financeira é fundamental, pois a HP-12C arquiva os dados da última operação financeira, podendo assim provocar erros nos resultados procurados.

- Digitam-se, *em qualquer ordem*, os valores das variáveis conhecidas (*n*, *i*, *PV*, *PMT* e *FV*). Por último, digita-se a incógnita, isto é, o que se quer calcular.
- O **n**, número de períodos, pode ser digitado inteiro ou fracionário. Aqui no Brasil, a HP-12C mostrará no visor a letra C; para que esta apareça (ou desapareça), basta digitar, na ordem, as teclas **STO** e **EEX**. A explicação é simples: o C no visor significa que a máquina está programada para calcular períodos fracionários utilizando juros compostos (*compound interest*), ao contrário do sistema americano, que utiliza juros simples.
- Os dados *PV*, *PMT* ou *FV* são valores monetários. Cabe aqui uma observação importante: como você estará sempre operando com as mesmas funções financeiras, deverá certificar-se de que um desses dados estará sendo calculado (ou digitado) com o sinal negativo. Isso porque, na lógica da HP-12C, para cada valor positivo existe um negativo e vice-versa. Melhor explicando: se você vai tomar um empréstimo hoje (*PV*), esse valor é *positivo*, uma vez que entrou no seu caixa; o pagamento desse empréstimo — no futuro, de uma única vez (*FV*) ou em prestações (*PMT*) — serão saídas de caixa, valores *negativos*. Repare que o fluxo de caixa de quem emprestou o dinheiro é exatamente o inverso do fluxo do primeiro (tomador). Assim, pode-se concluir que é absolutamente indiferente colocar-se um sinal negativo neste ou naquele valor, desde que o outro dado calculado (ou digitado) seja positivo.
- A HP-12C foi programada para calcular séries postecipadas. Você já viu que as teclas **g** e **BEG** reprogramam a máquina para o cálculo de séries antecipadas. Mas cuidado com esse artifício! É muito comum o usuário empregá-lo para calcular uma série antecipada e, depois, esquecer de voltar à posição inicial, o que deveria ser feito digitando **g END**. A

melhor maneira de evitar isso é descontar do valor à vista (*PV*) o valor da prestação paga a título de entrada e, em seguida, diminuir em um o número de prestações a calcular, uma vez que a primeira já foi descontada. Assim, quase sempre pode-se calcular as séries uniformes no formato de séries postecipadas, sem qualquer risco.

- Imagine que você queira saber quantos depósitos de um determinado valor (*PMT*) devem ser realizados, a uma taxa de juros (**i**), para obtenção de um certo valor futuro (*FV*). Em casos como esse, o resultado apresentado pela HP-12C para o cálculo do número de pagamentos, **n**, será sempre um número inteiro de períodos, ou seja, o valor apresentado pela máquina será, muito provavelmente, resultante de um arredondamento. Assim, a fim de verificar a ocorrência de um arredondamento ou avaliar o impacto desse procedimento, você pode, admitindo como válidos dois dos parâmetros iniciais e o prazo determinado pela calculadora, recalcular o valor do terceiro parâmetro inicial. Por exemplo, mantendo fixos o valor do pagamento e a taxa de juros e assumindo para **n** o valor dado pela máquina, determina-se o *FV*, comparando-o então com o seu valor inicial. O manual da HP-12C dispõe de um capítulo relacionado a esse tipo de situação de cálculo.

Operações com séries postecipadas

Como foi dito, as séries uniformes podem ser consideradas postecipadas quando o vencimento de todos os pagamentos ou recebimentos ocorre no final de cada período. Suas fórmulas, que aqui foram demonstradas, são consideradas *default*, ou seja, padrão da calculadora HP-12C. Por isso, nada é indicado no visor quando se opera com séries postecipadas.

Já vimos que, graficamente, pode-se representá-las da seguinte maneira:

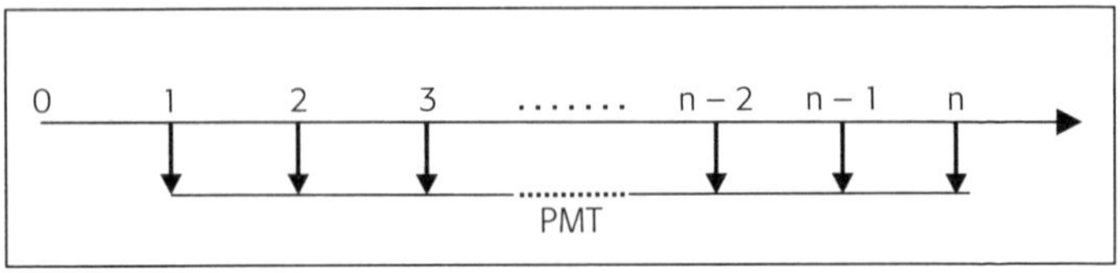

Quando são conhecidos o preço à vista (*PV*), o valor do pagamento mensal (*PMT*) — sendo o primeiro efetuado 30 dias após a aquisição do bem (série postecipada) — e o número de prestações a pagar (*n*), a variável restante será a taxa de juros mensal (*i*).

Exemplo: Uma loja anuncia uma televisão por \$ 1.022,00 à vista — ou, como diz o anúncio, "em 12 × \$ 150,00 = \$ 1.800,00". Como seria montada nossa representação gráfica, para o caso em que a primeira prestação seja devida um mês após a data da compra?

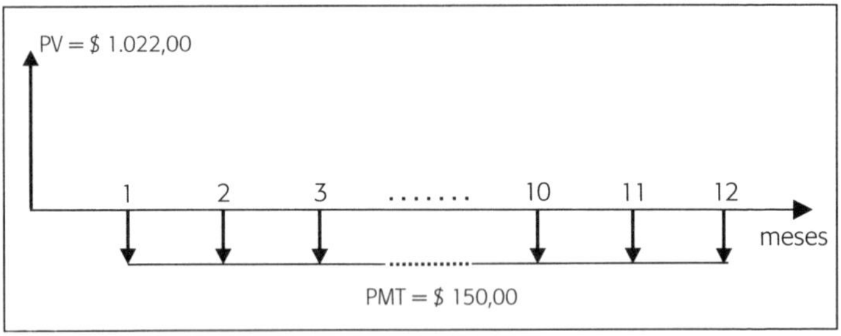

É importante notar que no anúncio existe um grave erro de matemática financeira: a loja somou o valor das 12 prestações, em tempos diferentes, como se todas fossem pagas simultaneamente. Sabemos que o dinheiro varia de valor no tempo, em função da taxa de juros aplicada sobre ele, e está muito claro, no exemplo, que existe uma taxa de juros composta embutida nas prestações. Ora, já vimos que:

$$PV = PMT\left[\frac{(1+i)^n - 1}{(1+i)^n i}\right]$$

No nosso exemplo:

$$\$\ 1.022{,}00 = \$\ 150{,}00\left[\frac{(1+i)^{12} - 1}{(1+i)^{12} i}\right]$$

Nesse caso, a taxa de juros (*i*) é que irá determinar a igualdade da fórmula. Daí em diante, até a calculadora HP-12C começa a processar o cálculo de *i* por tentativas, de acordo com sua programação interna. Também existem tabelas de juros de matemática financeira que auxiliam os cálculos feitos à mão.

De qualquer forma, se você tentar diversas taxas de juros, verá que, ao utilizar a taxa de 10%, a igualdade será, praticamente, alcançada:

$$\$\ 1.022{,}00 = \$\ 150{,}00\left[\frac{(1+0{,}10)^{12} - 1}{(1+0{,}10)^{12}\ 0{,}10}\right]$$

$$\$\ 1.022{,}00 = \$\ 150{,}00\left[\frac{3{,}138428 - 1}{3{,}138428 \times 0{,}10}\right]$$

$$\$\ 1.022{,}00 = \$\ 150{,}00\left[\frac{2{,}138428}{0{,}313843}\right]$$

$$\$\ 1.022{,}00 = \$\ 150{,}00 \times 6{,}813692 = \$\ 1.022{,}05$$

Caso optasse por fazer os cálculos com sua HP-12C, você teria digitado:

Dados	Tecla / função	Visor	Comentários
	f CLEAR FIN		
150	CHS PMT	–150,000	valor das parcelas
1.022	PV	1.022,000	valor financiado
12	n	12,000	número de parcelas
	i	10,001	taxa de juros mensal

O cálculo da taxa de juros implícita numa venda a prazo é um dos maiores problemas para os leigos em matemática financeira, uma vez que o conceito de juros compostos não é bem assimilado e a maioria acaba utilizando juros simples para calcular a taxa de juros. Assim, eles erradamente concluem que os juros da operação são menores do que de fato são e acabam por tomar decisões financeiras equivocadas.

Uma maneira muito comum de calcular *erradamente* a taxa de juros é a seguinte:

Preço à vista:	$ 1.022,00.
Preço a prazo:	$ 1.800,00 (aqui o indivíduo já cometeu um grave erro, induzido pelo anúncio mal-elaborado: considerou todas as prestações como se fossem pagas simultaneamente).
Juros pagos a prazo:	$ 778,00 – diferença entre o preço à vista e o *valor total* das prestações.
Taxa de juros paga:	$ 778,00 ÷ $ 1.022,00 = **76,125% a.a.**
Taxa de juros mensal:	76,125% a.a. ÷ 12 = **6,34% a.m.** (em vez da taxa calculada de forma correta, **10% a.m.**)

Operações com séries antecipadas

Vimos também que as séries uniformes podem denominar-se antecipadas caso a primeira prestação seja paga à vista, na forma de uma "entrada" ou "sinal de pagamento". No caso do exemplo anterior, temos, agora, o seguinte diagrama:

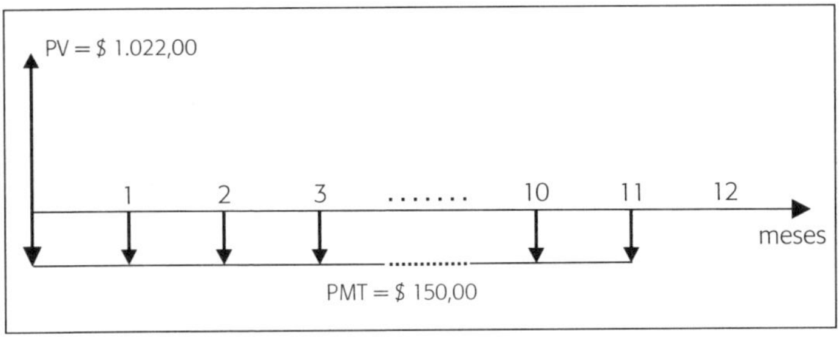

Cabe esclarecer que, quando as séries uniformes são antecipadas, sua fórmula do *PV* (e do *FV*) em função de *PMT* fica multiplicada por (1 + *i*). Assim:

$$PV = (1 + i)\ PMT \left[\frac{(1 + i)^n - 1}{(1 + i)^n i} \right]$$

$$1.022{,}00 = (1 + i)\ 150{,}00 \left[\frac{(1 + i)^{12} - 1}{(1 + i)^{12} i} \right]$$

Aplicando o método das tentativas, a taxa de juros mensal seria de 12,48735% a.m.:

$$1.022{,}00 = (1 + 0{,}1248735)\ 150{,}00 \left[\frac{(1 + 0{,}1248735)^{12} - 1}{(1 + 0{,}1248735)^{12} \times 0{,}1248735} \right]$$

$$1.022{,}00 = (1{,}1248735)\ 150{,}00 \left[\frac{4{,}104348 - 1}{4{,}104348 \times 0{,}1248735} \right]$$

$$1.022{,}00 = (1{,}1248735)\ 150{,}00 \left[\frac{3{,}104348}{0{,}512524} \right] = 1.022{,}00$$

Utilizando a HP-12C e a tecla **BEGIN**, tem-se esta sequência de dados:

Dados	Tecla / função			Visor	Comentários
	f	CLEAR	FIN		limpa variáveis financeiras
	g		BEG		primeira parcela antecipada
150		CHS	PMT	–150,00000	valor das prestações
1.022			PV	1.022,00000	valor financiado
12			n	12,00000	número de parcelas
			i	12,48735	taxa de juros mensal

O artifício da loja, passando a exigir uma prestação a título de entrada, fez com que a taxa de juros de 10% a.m. fosse elevada para 12,49% a.m., o que significa um aumento real de aproximadamente 25% no valor da taxa de juros mensal cobrada no financiamento.

As séries antecipadas também podem ser calculadas como se fossem séries postecipadas, sem utilizar a tecla **BEGIN**.

Observe novamente o esquema gráfico do exemplo utilizado:

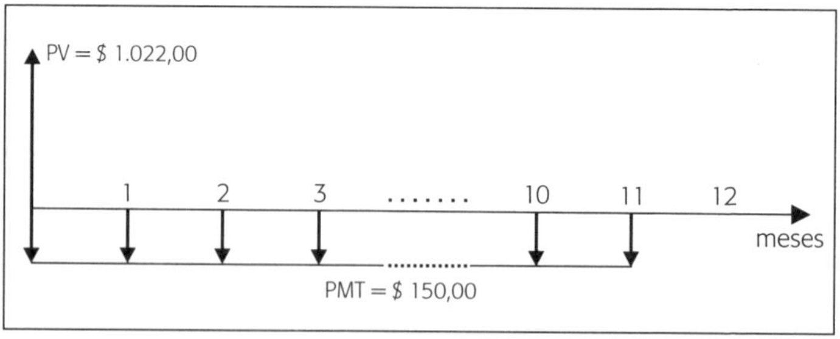

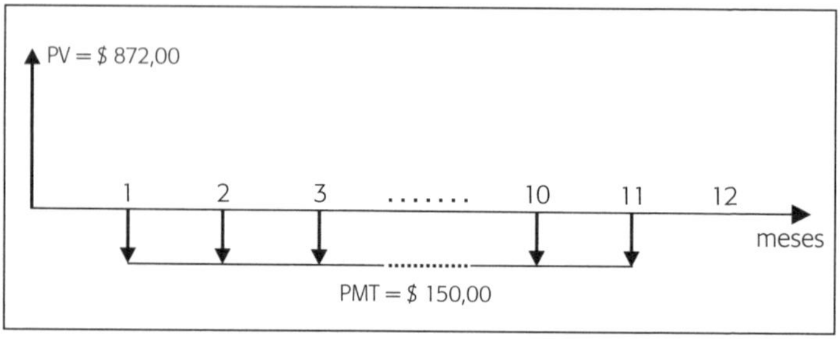

Note que a loja, ao exigir uma prestação de entrada, só está financiando $ 872,00, resultado da diferença entre o preço à vista ($ 1.022,00) e o valor da entrada ($ 150,00). O número de prestações postecipadas passa a ser 11 (12 menos uma, que foi dada como entrada). Pode-se então calcular a taxa de juros sem utilizar a tecla **BEGIN**:

Dados	Tecla / função	Visor	Comentários
	f CLEAR FIN		limpa variáveis financeiras
	g END		primeira parcela na data 1
150	CHS PMT	−150,00000	valor das prestações
872	PV	872,00000	valor financiado
11	n	11,00000	número de parcelas
	i	12,48735	taxa de juros mensal

Operações com carência (séries diferidas)

As operações que envolvem carência são aquelas em que o período entre a compra à vista e o primeiro pagamento da série uniforme é maior que o período de frequência dos pagamentos. Eis a representação gráfica de uma série de pagamentos diferida:

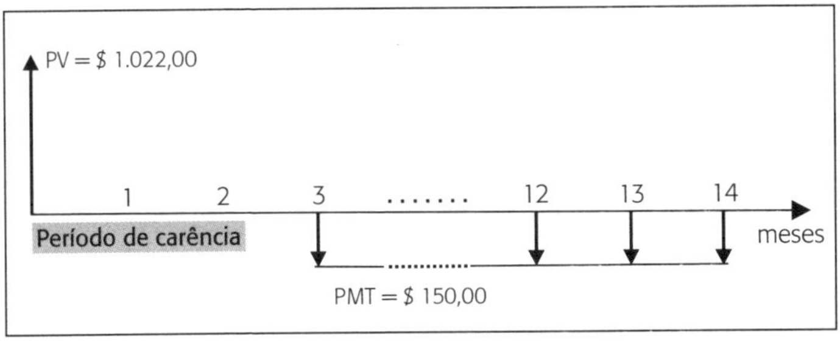

Usou-se aqui o mesmo exemplo visto anteriormente, só que agora o anúncio da loja diz: "à vista por $ 1.022,00 ou em 12 × $ 150,00 = $ 1.800,00, pagando a primeira parcela daqui a 90 dias".

O cálculo da taxa de juros através de fórmulas é extremamente complexo e, sem o auxílio de uma calculadora financeira, só será obtido também por tentativas:

$$PV = \frac{1}{(1+i)^c} PMT \left[\frac{(1+i)^n - 1}{(1+i)^n \, i} \right]$$

onde *c* é o período de carência, no caso, dois meses. A resposta é 7,2515% a.m.

É possível calcular operações desse tipo utilizando as teclas financeiras da HP-12C, como veremos no capítulo referente a fluxos de caixa.

Repare que, se aplicada a taxa encontrada pela fórmula acima, você terá:

$$PV = \frac{1}{(1 + 0{,}072515)^2} \times 150{,}00 \left[\frac{(1 + 0{,}072515)^{12} - 1}{(1 + 0{,}072515)^{12} \times 0{,}072515} \right]$$

$$PV = \frac{1}{1{,}150288} \times 150{,}00 \left[\frac{1{,}316544}{0{,}167984} \right] = \$\ 1.022{,}00$$

Operações com intermediárias

As operações que envolvem intermediárias (também conhecidas como "balões") são aquelas nas quais, além de uma série uniforme de pagamentos, ocorrem igualmente pagamentos esparsos, isolados, também com uma determinada periodicidade, mas diferente daquela de capitalização das prestações.

Eis como fica a ilustração gráfica de uma operação desse tipo, sendo *B* o valor do balão:

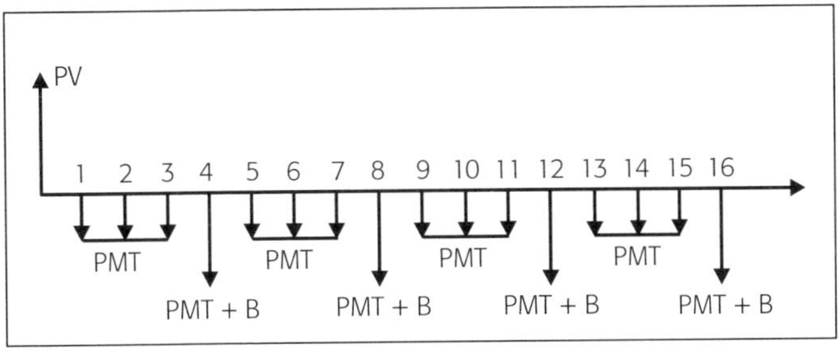

Nesse caso, imagina-se que uma loja esteja vendendo à vista um determinado produto por $ 10.000,00. As condições de pagamento são: 16 prestações mensais de $ 1.000,00, vencendo a primeira 30 dias após a venda, além de quatro prestações quadrimestrais (prestações intermediárias ou balões), de $ 1.200,00, vencendo a primeira 120 dias após a data da venda do produto.

Para calcular a taxa de juros da operação, novamente você terá que utilizar as teclas financeiras de fluxo de caixa na HP-12C, uma vez que esse cálculo, além de complexo, envolve o processo de tentativas. A taxa de juros encontrada será de 9,754% a.m.

Utilizando a teoria para calcular a taxa de juros mensal, a fórmula necessária é:

$$PV = PMT \left[\frac{(1 + i_m)^n - 1}{(1 + i_m)^n i_m} \right] + PMT_{quadrim.} \left[\frac{(1 + i_q)^h - 1}{(1 + i_q)^h i_q} \right]$$

sendo i_m a taxa de juros mensal, *n* o número de prestações mensais, i_q a taxa de juros mensal capitalizada para quatro meses, ou seja, a taxa de juros equivalente quadrimestral à taxa de juros mensal, e *h* o número de prestações quadrimestrais (balões).

O cálculo da taxa de juros quadrimestral é fácil: basta capitalizar (elevar à quarta potência) a taxa de juros mensal, ou seja:

$$i_{quadrimestral} = (1 + i_m)^4 - 1$$

Se a taxa mensal é de 9,754025%, a taxa quadrimestral será de 45,1048%. Logo:

$PMT = \$\ 1.000,00$

$i_m = 9,754025\%$ a.m.

$n = 16$ prestações mensais

$PMT_{quadrim.} = \$\ 1.200,00$

$i_{quadrim.} = 45,1048\%$ a.q.

$h = 4$ prestações quadrimestrais

Aplicando esses dados na formulação apresentada, veremos que a equação irá se verificar, onde *PV* = $ 10.000,00 será igual ao desenvolvimento do segundo membro da equação.

5 Sistemas de amortização

Conceitos gerais

O processo de quitação de um empréstimo consiste em efetuar pagamentos periódicos (prestações) de modo a liquidar o saldo devedor.

Tais prestações são formadas por duas parcelas: a amortização (A) e os juros (J), correspondentes aos saldos do empréstimo ainda não amortizados.

$$\text{Prestação} = \text{amortização} + \text{juros}$$

ou

$$PMT = A + J$$

Prestação é o valor pago pelo devedor e consiste em duas parcelas: a amortização e os juros correspondentes ao saldo devedor do empréstimo, ainda não reembolsado.

Amortização é o pagamento do capital, efetuado por meio de parcelas pagas periodicamente. É a devolução do capital emprestado.

Os *juros* são calculados sobre o saldo devedor do período anterior e também denominados "serviço da dívida".

Convém lembrar que qualquer sistema de amortização pode ter ou não prazo de carência, termo que designa o período compreendido entre a data de concessão do empréstimo e a data em que será paga a primeira prestação.

Entre os principais e mais utilizados sistemas de amortização de empréstimos temos o sistema francês de amortização (tabela Price), o sistema de amortização constante (SAC), e o sistema de amortização americano (SAA).

Sistema de amortização francês

Nesse sistema de amortização, o mais utilizado pelas instituições financeiras e o comércio em geral, o devedor obriga-se a devolver o principal acrescido de juros em prestações iguais e consecutivas (séries uniformes de pagamento).

Como os juros incidem sobre o saldo devedor, que por sua vez decresce à medida que as prestações são quitadas, eles serão decrescentes, e portanto as amortizações do principal serão crescentes.

Exemplo: Um empréstimo de \$ 100.000,00 será pago pelo sistema de amortização francês em cinco prestações mensais postecipadas. Se a taxa de juros for de 5% a.m., veja como ficará a planilha de amortização:

Mês (n)	Saldo devedor ($SD_n = SD_{n-1} - A_n$)	Prestação (PMT)	Juros ($J_n = SD_{n-1} i$)	Amortização ($A_n = PMT_n - J_n$)
0	100.000,00	–	–	–
1	81.902,52	23.097,48	5.000,00	18.097,48
2	62.900,17	23.097,48	4.095,13	19.002,35

continua

Mês (n)	Saldo devedor ($SD_n = SD_{n-1} - A_n$)	Prestação (PMT)	Juros ($J_n = SD_{n-1} i$)	Amortização ($A_n = PMT_n - J_n$)
3	42.947,70	23.097,48	3.145,01	19.952,47
4	21.997,60	23.097,48	2.147,38	20.950,10
5	0	23.097,48	1.099,88	21.997,60
Σ	–	–	–	**100.000,00**

Ou seja, para um determinado período, os juros serão calculados sobre o saldo devedor do empréstimo no início desse período; a amortização será calculada pela diferença entre o valor da prestação e o valor dos juros do período; e o saldo devedor será calculado pela diferença entre o saldo devedor do período anterior subtraído do valor amortizado no respectivo período.

Período de carência no sistema de amortização francês

- Pagando, nesse período, os juros devidos

Nesse caso, veja como fica o exemplo, considerando um período de carência de dois meses e mantendo-se todos os demais parâmetros inalterados:

Mês (n)	Saldo devedor ($SD_n = SD_{n-1} - A_n$)	Prestação (PMT)	Juros ($J_n = SD_{n-1} i$)	Amortização ($A_n = PMT_n - J_n$)
0	100.000,00	–	–	–
1	100.000,00	5.000,00	5.000,00	0
2	100.000,00	5.000,00	5.000,00	0
3	81.902,52	23.097,48	5.000,00	18.097,48
4	62.900,17	23.097,48	4.095,13	19.002,35
5	42.947,70	23.097,48	3.145,01	19.952,47
6	21.997,60	23.097,48	2.147,38	20.950,10
7	0	23.097,48	1.099,88	21.997,60
Σ	–	–	–	**100.000,00**

Repare que os cálculos são iguais ao do exemplo anterior, com a diferença de que nos meses do período de carência a dívida não é amortizada, mas os juros devidos sobre o saldo devedor são pagos. A primeira amortização será paga após o término da carência.

- Não pagando, nesse período, os juros devidos

Veja como fica então o exemplo, com os juros sendo incorporados ao valor inicial da dívida no período de carência. O cálculo das prestações deverá ser realizado com base no saldo devedor no final da carência. Adicionalmente, deve-se levar em conta que o saldo devedor, ao longo da carência, cresce devido a juros: $SD_n = (1 + i)SD_{n-1}$.

Mês (n)	Saldo devedor ($SD_n = SD_{n-1} - A_n$)	Prestação (PMT)	Juros ($J_n = SD_{n-1}i$)	Amortização ($A_n = PMT_n - J_n$)
0	100.000,00	–	–	–
1	105.000,00	0	0	0
2	110.250,00	0	0	0
3	90.297,53	25.464,97	5.512,50	19.952,47
4	69.347,44	25.464,97	4.514,88	20.950,09
5	47.349,84	25.464,97	3.467,37	21.997,60
6	24.252,36	25.464,97	2.367,49	23.097,48
7	0	25.464,97	1.212,61	24.252,36
Σ	–	–	–	**110.250,00**

Tabela Price

Trata-se de um caso particular do sistema de amortização francês, em que a taxa de juros é fornecida em termos nominais (na prática, é dada em termos anuais) e as prestações têm período menor que aquele a que se refere a taxa de juros (em geral, as amortizações são calculadas em bases mensais).

Assim, o cálculo das prestações é feito utilizando-se a taxa proporcional ao período a que se refere a prestação, calculada a partir da taxa nominal.

Exemplo: Um empréstimo de $ 100.000,00 será pago em quatro prestações mensais, iguais e consecutivas. Sendo a taxa nominal de 72% a.a., com capitalização mensal, veja como fica a tabela de amortização. Primeiro é necessário calcular a taxa proporcional mensal: 72% a.a. ÷ 12 = 6% a.m.

Mês	Saldo devedor	Prestação	Juros (6% a.m.)	Amortização
0	100.000,00	–	–	–
1	77.140,85	28.859,15	6.000,00	22.859,15
2	52.910,15	28.859,15	4.628,45	24.230,70
3	27.225,61	28.859,15	3.174,61	25.684,54
4	–	28.859,15	1.633,54	27.225,61
Σ	–	–	–	**100.000,00**

Sistema de amortização constante (SAC)

Nesse sistema de amortização, as prestações são decrescentes, as amortizações constantes e os juros decrescentes. Calcula-se a amortização dividindo o principal pelo número de períodos de pagamento.

Exemplo: Vamos elaborar uma planilha de amortização para o seguinte financiamento:

- valor do financiamento: $ 100.000,00;
- reembolso em cinco meses pelo sistema SAC;
- taxa de juros: 5% a.m.;
- valor das amortizações (constantes): $ 100.000,00 ÷ 5 = $ 20.000,00.

Mês (n)	Saldo devedor $(SD_n = SD_{n-1} - A_n)$	Amortização $(A_n = SDo \div n)$	Juros $(J_n = SD_{n-1}i)$	Prestação (PMT = A + J)
0	100.000,00	–	–	–
1	80.000,00	20.000,00	5.000,00	25.000,00
2	60.000,00	20.000,00	4.000,00	24.000,00
3	40.000,00	20.000,00	3.000,00	23.000,00
4	20.000,00	20.000,00	2.000,00	22.000,00
5	0	20.000,00	1.000,00	21.000,00
Σ	–	**100.000,00**	–	–

Repare que, nesse sistema, a prestação inicial é superior à prestação (fixa) do sistema francês, que era de $ 23.097,48, ao passo que a última prestação é menor. Em suma, no início paga-se mais, porém termina-se pagando uma prestação menor que a do sistema francês.

Pode-se dizer que os dois sistemas se equivalem, uma vez que em ambos os casos a taxa de juros mensal cobrada é de 5% a.m. No que se refere aos períodos de carência, o raciocínio é semelhante ao sistema francês de amortização, cujo procedimento básico de cálculo deverá ser mantido.

Sistema de amortização americano (SAA)

Este sistema de amortização parte do princípio de que o principal será restituído, de uma única vez, ao final da operação.

Os juros serão pagos periodicamente (caso normal) ou sofrerão capitalização periódica, sendo pagos juntamente com o principal ao final do prazo estipulado (em casos raros).

Este sistema de amortização é extremamente comum quando tratamos de empréstimos em moeda estrangeira, principalmente quando a taxa de juros é flutuante, ou seja, varia de acordo com o mercado. Geralmente, nesses casos é adotada uma taxa de juros preferencial do mercado internacional, utilizada entre bancos de primeira linha no mercado de dinheiro, denominada Libor (taxa de juros que vigora no mercado financeiro internacional de Londres), acrescida de um percentual como *spread* (diferença entre o preço e o custo do dinheiro), a fim de cobrir a despesa operacional, o risco e o ganho da transação.

O que também é comum, nestes casos, para evitar um grande desembolso financeiro ao término do contrato, é o tomador do empréstimo constituir um fundo de amortização, chamado de *sinking fund*, no qual são depositadas, na mesma data do pagamento dos juros, as cotas de amortização. Como o *sinking fund* é constituído para liquidar o valor do financiamento (PV) no final do prazo, será calculada uma prestação, a uma taxa de juros i_s, que gere um valor futuro igual ao valor presente.

Naturalmente, se a taxa de aplicação do fundo (i_s) for menor do que a taxa de juros do financiamento contratado (i), isto irá significar uma maior prestação para o tomador do empréstimo do que a prestação calculada no sistema de amortização francês (tabela Price). Isso significa que o custo financeiro do sistema de amortização americano (SAA) será maior do que o custo financeiro do sistema francês (tabela Price).

Por outro lado, o sistema de amortização americano é muito utilizado no mercado mundial de renda fixa, com relação às aplicações em *bonds*, papéis prefixados que recebem *coupons* — juros — periodicamente, e que são resgatados pelo lançador/emissor ao final da maturidade dos mesmos.

Os juros desses papéis são pagos regularmente aos investidores, nas formas trimestral (títulos perpétuos), semestral (títulos brasileiros e alguns títulos americanos e europeus) e anual (a maior parte dos títulos americanos e europeus).

Exemplo 1: Calcular as prestações de um empréstimo de \$ 1.000.000,00 a ser pago em 12 anos, a juros efetivos de 6% a.a., pelo sistema de amortização americano. Apresentar a planilha completa do sistema de amortização americano.

Solução: Inicialmente vamos calcular o valor dos juros anuais, com base nos 6% a.a. Basta calcular: \$ 1.000.000,00 × 0,06 = \$ 60.000,00 anuais.

Logo, as 11 primeiras prestações serão iguais e consecutivas, no valor de \$ 60.000,00.

Daí, vamos calcular o valor da última prestação, na qual, além dos juros anuais, teremos que pagar a totalidade do empréstimo:

\$ 60.000,00 (juros) + \$ 1.000.000,00 (principal) = \$ 1.060.000,00

Ano (n)	Saldo devedor ($SD_n = SD_{n-1} - A_n$)	Amortização	Juros ($J_n = SD_{n-1} \times i$)	Prestação (PMT = A + J)
0	1.000.000,00	–	–	–
1	1.000.000,00	0	60.000,00	60.000,00
2	1.000.000,00	0	60.000,00	60.000,00
3	1.000.000,00	0	60.000,00	60.000,00
4	1.000.000,00	0	60.000,00	60.000,00
5	1.000.000,00	0	60.000,00	60.000,00
6	1.000.000,00	0	60.000,00	60.000,00
7	1.000.000,00	0	60.000,00	60.000,00
8	1.000.000,00	0	60.000,00	60.000,00
9	1.000.000,00	0	60.000,00	60.000,00
10	1.000.000,00	0	60.000,00	60.000,00
11	1.000.000,00	0	60.000,00	60.000,00
12	1.000.000,00	1.000.000,00	60.000,00	1.060.000,00

Agora vamos ilustrar com um exemplo utilizando o *sinking fund*.

Exemplo 2: Calcular as prestações de um empréstimo de \$ 1.000.000,00 a ser pago em 12 anos, a juros efetivos de 6% a.a., pelo sistema de amortização americano, assumindo que será criado um *sinking fund* que renderá 5% a.a. Apresentar a planilha completa do sistema de amortização americano.

Solução: Antes de mais nada, convém lembrar que o valor dos juros anuais permanece inalterado, isto é, será de \$ 60.000,00 anuais em função do que já explicamos no exemplo 1.

Inicialmente iremos calcular o valor da prestação que deverá ser aplicada, anualmente, no *sinking fund*, partindo-se do *FV*, ou seja, o valor da amortização do empréstimo, ao final do mesmo, pelo período de 12 anos, considerando-se a taxa de juros do fundo de 5% a.a.:

$$PMT = FV \times \frac{i}{(1 + i)^n - 1}$$

ou seja,

$$PMT = 1.000.000,00 \times \frac{0,05}{(1 + 0,05)^{12} - 1]} = 1.000.000,00 \times 0,06282541 = 62.825,41$$

Então calculamos que as 12 prestações iguais e consecutivas serão no valor de $ 62.825,41.

Você também poderia calcular o valor da prestação com a utilização da HP-12C:

Dados	Tecla/função			Visor	Comentários
	f	CLEAR	FIN		
1.000.000		CHS	FV	−1.000.000,00	valor do financiamento
5			i	5,00	taxa de juros anual
12			n	12,00	número de prestações
			PMT	**62.825,41**	valor da prestação

Concluindo, podemos observar que as cotas do fundo de amortização do empréstimo, acrescidas dos juros anuais, constituem o fundo de amortização (*sinking fund*), que, ao final da operação, deverá atingir um montante igual ao valor do empréstimo.

Veja o demonstrativo do empréstimo pelo sistema de amortização americano, com o fundo de amortização (*sinking fund*), na tabela a seguir:

Ano (n)	Saldo devedor $(SD_n = SD_{n-1} - A_n)$	Cota do fundo de amortização (QFA)	Juros $(J_n = SD_{n-1} \times i)$	Prestação (PMT = QFA + J)	Valor do *sinking fund*
0	1.000.000,00	–	–	–	–
1	1.000.000,00	62.825,41	60.000,00	122.825,41	62.825,41
2	1.000.000,00	62.825,41	60.000,00	122.825,41	128.792,09
3	1.000.000,00	62.825,41	60.000,00	122.825,41	198.057,11
4	1.000.000,00	62.825,41	60.000,00	122.825,41	270.785,37
5	1.000.000,00	62.825,41	60.000,00	122.825,41	347.150,05
6	1.000.000,00	62.825,41	60.000,00	122.825,41	427.332,96
7	1.000.000,00	62.825,41	60.000,00	122.825,41	511.525,02
8	1.000.000,00	62.825,41	60.000,00	122.825,41	599.926,68
9	1.000.000,00	62.825,41	60.000,00	122.825,41	692.748,42
10	1.000.000,00	62.825,41	60.000,00	122.825,41	790.211,26
11	1.000.000,00	62.825,41	60.000,00	122.825,41	892.547,23
12	1.000.000,00	62.825,41	60.000,00	122.825,41	1.000,000,00

Correção monetária (CM)

A correção monetária foi criada para corrigir as distorções geradas pela inflação e, dessa forma, diminuir os riscos de um investimento. Assim, os investidores têm uma maior proteção de seus ativos, uma vez que podem indexar os valores através de um índice que, a critério, represente menor risco de perda monetária.

O governo, que necessita negociar seus títulos para realizar investimentos públicos, suprir suas necessidades de caixa e fazer política monetária, e os bancos, que operam com recursos de terceiros, utilizam esse instrumento de proteção, uma vez que as operações com correção monetária, principalmente a prazos mais longos, se tornam mais seguras.

Atualmente, no Brasil, existem vários indexadores, utilizados de acordo com a natureza de cada operação ou em função do perfil de cada investidor. Por exemplo:

- o CDI (certificado de depósito interbancário), muito usado nas operações interbancárias, fundos de investimentos e outros tipos de captação e empréstimos;
- a TR (taxa referencial de juros), que corrige os saldos das cadernetas de poupança, saldos devedores do Sistema Financeiro da Habitação e também utilizada em operações de captação e empréstimos;
- a TJLP (taxa de juros de longo prazo), utilizada, basicamente, em financiamento de projetos de longo prazo;
- o IGP-M (índice geral de preços de mercado), empregado em diversas formas de captação e empréstimos;
- a VC (variação cambial), utilizada, basicamente, em operações internacionais.

É possível, então, desenvolvermos um sistema de amortização utilizando um indexador, a fim de melhor proteger o financiador contra os efeitos inflacionários. A legislação em vigor estabelece que contratos com prazos superiores a um ano podem ter cláusula de correção monetária (indexação).

Para ilustrarmos os princípios da indexação, reconsideremos o exemplo do empréstimo de \$ 100.000,00, no caso de amortização pelo sistema francês, com cinco prestações mensais postecipadas, à taxa de juros de 5% a.m.

Naquele exemplo, como vimos, não havendo cláusula de correção monetária, a planilha de amortização apresentou *PMT* = 23.097,48.

Admitamos, agora, que tenha sido estipulada cláusula de correção monetária de acordo com a taxa de variação do IGP-M. Então, observado que, ao longo de cada um dos cinco meses do contrato, a taxa mensal de variação do IGP-M tenha sido de 1,2; 1,3; 0,8; 0,6 e 1,0%, a planilha de amortização (agora dita a preços correntes), tanto no sistema Price quanto no SAC, passará a ser:

Mês (n)	Saldo devedor	Prestação (PMT)	Juros	Amortização
0	100.000,00	–	–	–
1	82.885,35	23.374,65	5.060,00	18.314,65
2	64.482,48	23.678,52	4.198,14	19.480,38
3	44.380,31	23.867,95	3.249,92	20.618,03
4	22.867,76	24.011,16	2.232,33	21.778,83
5	–0,01	24.251,27	1.154,82	23.096,45

As prestações são reajustadas a cada mês, utilizando-se o fator de correção monetária respectivo e de forma cumulativa, ou seja:

- 1ª prestação — $ 23.097,48 × 1,012 = $ 23.374,65
- 2ª prestação — $ 23.374,65 × 1,013 = $ 23.678,52
- 3ª prestação — $ 23.678,52 × 1,008 = $ 23.867,95
- 4ª prestação — $ 23.867,95 × 1,006 = $ 24.011,16
- 5ª prestação — $ 24.011,16 × 1,01 = $ 24.251,27

Tendo em vista a atualização monetária, os juros e o pagamento de cada prestação, o saldo devedor corrigido, no final de cada mês, evoluirão da seguinte forma:

- 1º mês — $ 100.000,00 × 1,012 × 1,05 – $ 23.374,65 = $ 82.885,35
- 2º mês — $ 82.885,35 × 1,013 × 1,05 – $ 23.678,52 = $ 64.482,48
- 3º mês — $ 64.482,48 × 1,008 × 1,05 – $ 23.867,95 = $ 44.380,31

- 4º mês — $ 44.380,31 × 1,006 × 1,05 – $ 24.011,16 = $ 22.867,76
- 5º mês — $ 22.867,76 × 1,01 × 1,05 – $ 24.251,27 = – $ 0,01

Os juros são calculados sobre o saldo devedor anterior corrigido, ou seja:

- 1º mês — $ 100.000,00 × 1,012 × 0,05 = $ 5.060,00
- 2º mês — $ 82.885,35 × 1,013 × 0,05 = $ 4.198,14
- 3º mês — $ 64.482,48 × 1,008 × 0,05 = $ 3.249,92
- 4º mês — $ 44.380,31 × 1,006 × 0,05 = $ 2.232,33
- 5º mês — $ 22.867,76 × 1,01 × 0,05 = $ 1.154,82

A amortização, a cada mês, será igual à prestação menos os juros.

Desenvolvendo o mesmo exemplo pelo SAC (sistema de amortização constante), temos:

Mês (n)	Saldo devedor	Amortização	Juros	Prestação (PMT)
0	100.000,00	–	–	–
1	80.960,00	20.240,00	5.060,00	25.300,00
2	61.509,36	20.503,12	4.100,62	24.603,74
3	41.334,29	20.667,14	3.100,07	23.767,21
4	20.791,15	20.791,15	2.079,11	22.870,26
5	0,00	20.999,06	1.049,95	22.049,01

A amortização de cada mês, a preços correntes, será igual à amortização constante, como no caso sem indexação (sendo, pois, igual ao valor do empréstimo dividido pelo número de prestações), monetariamente corrigida, cumulativamente, a cada mês. Desse modo, temos:

- 1º mês — (\$ 100.000,00 ÷ 5) × 1,012 = \$ 20.240,00
- 2º mês — \$ 20.240,00 × 1,013 = \$ 20.503,12
- 3º mês — \$ 20.503,12 × 1,008 = \$ 20.667,14
- 4º mês — \$ 20.667,14 × 1,006 = \$ 20.791,15
- 5º mês — \$ 20.791,15 × 1,01 = \$ 20.999,06

O saldo devedor no final de cada mês será igual ao saldo devedor anterior corrigido, menos a parcela mensal de amortização. Assim:

- 1º mês — \$ 100.000,00 × 1,012 – \$ 20.240,00 = \$ 80.960,00
- 2º mês — \$ 80.960,00 × 1,013 – \$ 20.503,12 = \$ 61.509,36
- 3º mês — \$ 61.509,36 × 1,008 – \$ 20.667,14 = \$ 41.334,29
- 4º mês — \$ 41.334,29 × 1,006 – \$ 20.791,15 = \$ 20.791,15
- 5º mês — \$ 20.791,15 × 1,01 – \$ 20.999,06 = \$ 0,00

Os juros são calculados sobre o saldo devedor anterior corrigido, ou seja:

- 1º mês — \$ 100.000,00 × 1,012 × 0,05 = \$ 5.060,00
- 2º mês — \$ 80.960,00 × 1,013 × 0,05 = \$ 4.100,62
- 3º mês — \$ 61.509,36 × 1,008 × 0,05 = \$ 3.100,07
- 4º mês — \$ 41.334,29 × 1,006 × 0,05 = \$ 2.079,11
- 5º mês — \$ 20.791,15 × 1,01 × 0,05 = \$ 1.049,95

Para calcular a prestação a cada mês, basta somar a parcela de amortização à de juros.

6

Métodos de análise de fluxos de caixa

Conceituação

São dois os métodos mais importantes de avaliação de fluxos de caixa não uniformes, ou seja, de fluxos de caixa para os quais não existe nenhuma lei de formação para as várias entradas e saídas de caixa: o método do valor presente (atual) líquido — *VPL* (ou *net present value* — *NPV*) — e o método da taxa interna de retorno — *TIR* (ou *internal rate of return* — *IRR*). Por questões de ordem prática, aqui só será considerado o regime de capitalização a juros compostos. Normalmente os fluxos de caixa caracterizam uma situação de investimento ou de pagamento (empréstimo ou financiamento).

Você vai lidar com duas situações diferentes. A primeira é avaliar (calcular o valor) ou encontrar a taxa interna de retorno ou de juros de um fluxo de caixa. A segunda é tomar uma decisão cabível para a situação que se apresenta, a partir do valor ou das taxas internas calculados.

Seja qual for a situação, é necessário estabelecer uma taxa de juros para descontar (descapitalizar) os fluxos de caixa, de nominada taxa mínima de atratividade ou custo de oportunidade do capital ($i_{mín}$). Trata-se da taxa que você poderia obter alternativamente, caso não estivesse considerando o investimento ou o pagamento sob avaliação.

Valor presente de um fluxo de caixa

O valor presente de um fluxo de caixa que tenha apenas entradas ou saídas de caixa é a soma aritmética das entradas ou saídas de caixa definidas, todas elas descontadas (descapitalizadas), para uma mesma data de origem, geralmente considerada como a data zero.

Método do valor presente líquido

O valor presente líquido (*VPL*) de um fluxo de caixa é a soma algébrica de todas as entradas e saídas de caixa, cada uma delas descontada à taxa mínima de atratividade, para uma mesma data escolhida como data de origem.

O *VPL* de um fluxo de caixa de investimento ou de pagamento não permite medir diretamente a taxa de retorno do investimento ou a taxa de juros do pagamento, e sim o seu resultado em termos de valor monetário na data de origem. Por esse método, a avaliação se faz da seguinte forma:

FLUXOS DE CAIXA CONVENCIONAIS E NÃO CONVENCIONAIS

Investimento		Pagamento	
Estabelece $i_{mín}$ e compara	Avaliação	Estabelece $i_{máx}$ e compara	Avaliação
VPL > 0	Aceita	VPL > 0	Aceita
VPL = 0	Aceita	VPL = 0	Aceita
VPL < 0	Rejeita	VPL < 0	Rejeita

Exemplo: Uma empresa deseja avaliar o fluxo de caixa de investimento (convencional) num terreno, sendo o investimento inicial no valor de $ 10.000,00. Devido à localização do terreno, estima-se que será possível vendê-lo após quatro anos por $ 11.000,00. Sabendo-se que a taxa mínima de atratividade da empresa é de 13% ao ano, e que estão previstas as entradas de caixa relativas à utilização do terreno por terceiros apresentadas na tabela a seguir,

Ano	Entradas
01	$ 500,00
02	$ 450,00
03	$ 550,00

- calcule o *VPL* do fluxo de caixa;
- pelo método do *VPL*, verifique se o fluxo de caixa de investimento é atraente para a empresa.

Solução:

- Graficamente, temos a seguinte representação para o fluxo de caixa:

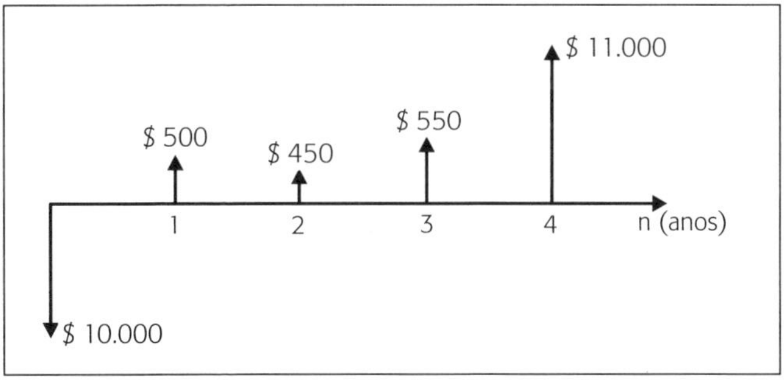

sendo:

$$VPL = -10.000,00 + 500\,(1 + 0,13)^{-1} + 450\,(1 + 0,13)^{-2} + 550\,(1 + 0,13)^{-3} + 11.000\,(1 + 0,13)^{-4}$$

$$VPL = -\$\ 2.077,42$$

- Uma vez que o *VPL* é negativo, o investimento deve ser rejeitado.

Método da taxa interna de retorno

Como você viu no primeiro capítulo, a taxa interna de retorno (*TIR*) ou de juros (*TIJ*) de um fluxo de caixa com entradas e saídas de caixa não uniformes é a taxa de desconto que anula o seu valor presente líquido. A *TIR* e a *TIJ* são calculadas, para fluxos de caixa de investimento e de pagamento simples, respectivamente, pelas seguintes equações:

$$-CF_0 + \sum_{j=1}^{n} \frac{CF_j}{(1+TIR)^j} = 0 \; ; \qquad +CF_0 - \sum_{j=1}^{n} \frac{CF_j}{(1+TIJ)^j} = 0$$

Veja a seguir a representação gráfica da função *VPL* e as respectivas *TIR* e *TIJ* de fluxos de caixa de investimento e de financiamento simples:

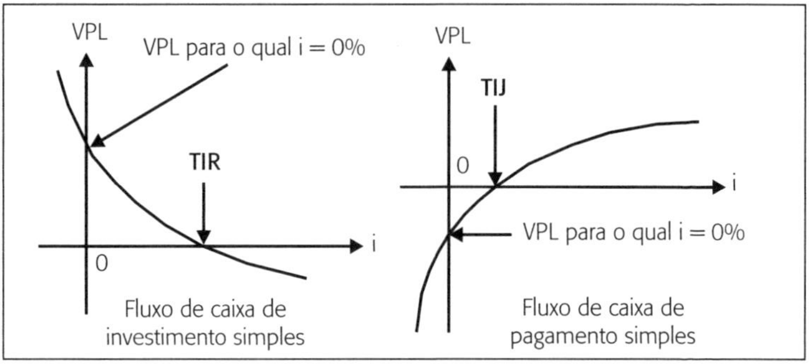

Por esse método, a avaliação se faz da seguinte forma:

PROJETO SIMPLES

Investimento		Pagamento	
Calcula TIR e compara	Avaliação	Calcula TIJ e compara	Avaliação
$TIR > i_{mín}$	Aceita	$TIJ > i_{máx}$	Rejeita
$TIR = i_{mín}$	Aceita	$TIJ = i_{máx}$	Aceita
$TIR < i_{mín}$	Rejeita	$TIJ < i_{máx}$	Aceita

Observe que o resultado da avaliação de fluxos de caixa de investimento e pagamento do tipo simples pelo método da *TIR* ou *TIJ* e pelo método do *VPL* é o mesmo, já que só existe uma *TIR* ou *TIJ*.

Fluxos de caixa na HP-12C

As implementações dos métodos do *VPL* (*NPV*) e da *TIR* (*IRR*) na calculadora HP-12C são realizadas através das teclas **NPV**, **IRR**, CF_0 (primeiro fluxo de caixa), CF_j (demais fluxos de caixa) e N_j (número de fluxos de caixa iguais consecutivos), conforme explicado nos exemplos a seguir. O fluxo de caixa a ser avaliado pode conter até 21 fluxos de caixa diferentes, incluindo o primeiro.

Exemplo: Sabe-se que um automóvel pode ser vendido a prazo em sete parcelas mensais de $ 10.000,00, sendo uma de entrada, e com uma intermediária, no terceiro mês, no mesmo valor. Qual o valor à vista desse automóvel, se a taxa de juros for: (a) 10% ao mês; (b) 9% ao mês?

Solução: No fluxo de caixa apresentado, temos duas parcelas iguais de $ 10.000,00 nos meses 1 e 2 ($N_j = 2$ para CF_j dos meses 1 e 2), e três parcelas também iguais de $ 10.000,00 nos meses 4, 5 e 6 ($N_j = 3$ para CF_j dos meses 4, 5 e 6).

Dados	Tecla/função	Visor	Comentários
	f CLEAR REG	0,00	limpar registros
10.000	g CF_0	10.000,00	parcela do mês 0
10.000	g CF_j	10.000,00	parcelas dos meses 1 e 2
2	g N_j	2,00	número de parcelas
20.000	g CF_j	20.000,00	parcela do mês 3
10.000	g CF_j	10.000,00	parcelas dos meses 4 a 6
3	g N_j	3,00	número de parcelas
10	i	10,00	1ª taxa de desconto efetiva
	f NPV	61.065,76	1º valor à vista do automóvel
9	i	9,00	2ª taxa de desconto efetiva
	f NPV	62.581,02	2º valor à vista do automóvel

Exemplo: Uma instituição financeira propôs conceder a uma empresa um empréstimo de $ 370.000,00, a ser devolvido em três pagamentos consecutivos mensais nos valores de $ 100.000,00, $ 150.000,00 e $ 200.000,00. Considerando que a melhor taxa máxima de atratividade da empresa é 10% ao mês para tomada de empréstimos de mesmos valor e datas de pagamento: (a) calcule a *TIJ* do financiamento e avalie o empréstimo utilizando o método da *TIJ*; (b) avalie o projeto utilizando o método do *VPL*.

Solução:

Dados	Tecla/função			Visor	Comentários
	f	CLEAR	REG	0,00	limpar registros
370.000		g	CF_0	370.000,00	entrada de caixa única
100.000	CHS	g	CF_j	–100.000,00	1ª saída de caixa
150.000	CHS	g	CF_j	–150.000,00	2ª saída de caixa
200.000	CHS	g	CF_j	–200.000,00	3ª saída de caixa
		f	IRR	9,33	TIJ do empréstimo
10			i	10,00	taxa máxima de atratividade
		f	NPV	4.861,01	VPL do empréstimo

Uma vez que a *TIJ* é menor do que a taxa máxima, o empréstimo deve ser aceito.

Alternativamente, uma vez que o *VPL* (*NPV*) é positivo, o empréstimo deve ser aceito.

Análise de fluxos de caixa indexados

Exemplo: Avalie o fluxo de caixa de investimento apresentado a seguir, expresso em poder aquisitivo da data de hoje (data 0), pelos métodos do *VPL* e da *TIR*. Considere que a taxa mínima de atratividade efetiva, aparente ou nominal, é de 25% ao ano e que a inflação projetada da economia, tanto para as entradas quanto para as saídas de caixa, para os próximos três anos, é igual a 6% ao ano.

Ano	Investimento	Entradas de caixa	Saídas de caixa	Fluxos de caixa
0	$ 100,00	–	–	
1	–	$ 60,00	$ 20,00	$ 40,00
2	–	$ 80,00	$ 30,00	$ 50,00
3	–	$ 70,00	$ 25,00	$ 45,00

A análise deve ser feita pelos métodos do *VPL* e da *TIR*, considerando:

- preços constantes (preços expressos em poder aquisitivo da data de hoje, isto é, não indexados), usando-se uma taxa de juros efetiva real;
- preços correntes ou nominais (preços expressos em poder aquisitivo nas respectivas datas, isto é, indexados), usando-se uma taxa de juros efetiva nominal.

Solução: Dados — *i* = 25% a.a.; taxa esperada de inflação = 6%;

$$r = \frac{(1 + i)}{(1 + cm)} - 1 \therefore r = \frac{(1 + 0{,}25)}{(1 + 0{,}06)} - 1 \therefore$$

- $r = 0{,}1792$ a.a. = 17,92% a.a.

Dados	Tecla/função			Visor	Comentários
	f	CLEAR	REG	0,00	limpar registros
100	CHS	g	CF_0	–100,00	investimento
40		g	CF_j	40,00	fluxo de caixa real no 1º ano
50		g	CF_j	50,00	fluxo de caixa real no 2º ano
45		g	CF_j	45,00	fluxo de caixa real no 3º ano
		f	IRR	16,28	TIR real
17,92			i	17,92	taxa mínima de atratividade real
		f	NPV	–2,68	VPL do investimento

Uma vez que a *TIR* é menor do que a taxa mínima de atratividade real e que o *VPL* é negativo, o investimento deve ser rejeitado.

- fator de indexação do primeiro ano = 1,06
  fluxo de caixa nominal do primeiro ano = $ 40 × 1,06 = $ 42,40
  fator de indexação do segundo ano = $1{,}06^2$ = 1,1236
  fluxo de caixa nominal do segundo ano = $ 50 × 1,1236 = $ 56,18
  fator de indexação do terceiro ano = $1{,}06^3$ = 1,1910
  fluxo de caixa nominal do terceiro ano = $ 45 × 1,1910 = $ 53,60

Dados	Tecla/função			Visor	Comentários
	f	CLEAR	REG	0,00	limpar registros
100	CHS	g	CF_0	−100,00	investimento
42,4		g	CF_j	42,40	fluxo de caixa nominal no 1º ano
56,18		g	CF_j	56,18	fluxo de caixa nominal no 2º ano
53,60		g	CF_j	53,60	fluxo de caixa nominal no 3º ano
		f	IRR	23,26	TIR nominal
25			i	25,00	taxa mín. atratividade nominal
		f	NPV	−2,68	VPL do investimento

Uma vez que a *TIR* é menor do que a taxa mínima de atratividade nominal e que o *VPL* é negativo, o investimento deve ser rejeitado. Convém observar que os valores presentes líquidos obtidos são iguais, em virtude da suposição de que a inflação projetada seja a mesma para as entradas e as saídas de caixa.

Comparação do método da taxa interna de retorno com o do valor presente líquido

Como vimos, o método do valor presente líquido permite avaliar fluxos de caixa com qualquer tipo de sequência, sejam eles de investimento ou de pagamento, mas requer o estabelecimento de uma taxa mínima de atratividade. Isso pressupõe que os fluxos de caixa sejam reinvestidos ou recusteados a cada período pela $i_{mín}$, a qual pode ser determinada ou escolhida em mercado pela empresa ou indivíduo.

Já o método da *TIR* assume implicitamente que os fluxos de caixa sejam reinvestidos ou recusteados a cada período pela própria *TIR*. Nesse caso, deve-se observar que a *TIR* (*TIJ*) de um projeto de investimento (pagamento) indica sua taxa de retorno (custo) em termos de uma taxa de juros efetiva ao período de capitalização considerado, sendo equivalente composta à taxa de retorno (custo) efetiva referente ao período total do investimento (pagamento).

Assim, pode-se dizer que o método da *TIR* tem a seguinte desvantagem em relação ao método do *VPL*: a relação de equivalência nem sempre é verdadeira porquanto, na prática, pode-se aplicar ou captar recursos a taxas maiores (menores) do que a *TIR* (*TIJ*), o que talvez acarrete menor rentabilidade do investimento (aumento do custo do pagamento). O método do *VPL* pressupõe que os fluxos de caixa também sejam reinvestidos (recusteados) à taxa de desconto $i_{mín}$, mas é mais seguro porque essa taxa é escolhida pela própria empresa ou indivíduo.

Método da TIR

Exemplo: Sua empresa tem a oportunidade de investir num projeto com vida útil de sete anos e os seguintes fluxos de caixa: \$ 35.000,00 de investimento inicial; receitas de \$ 12.000,00 nos quatro primeiros anos; receitas de \$ 15.000,00 nos três últimos anos; preço de venda ao final dos sete anos de \$ 20.000,00. Com base nesses dados, (a) calcule a taxa interna de retorno, em termos anuais; e (b) admitindo que a taxa mínima de atratividade de sua empresa para projetos desse tipo seja de

20% a.a., que decisão você tomaria em relação à viabilidade econômica do projeto?

Solução: Representação gráfica do fluxo de caixa:

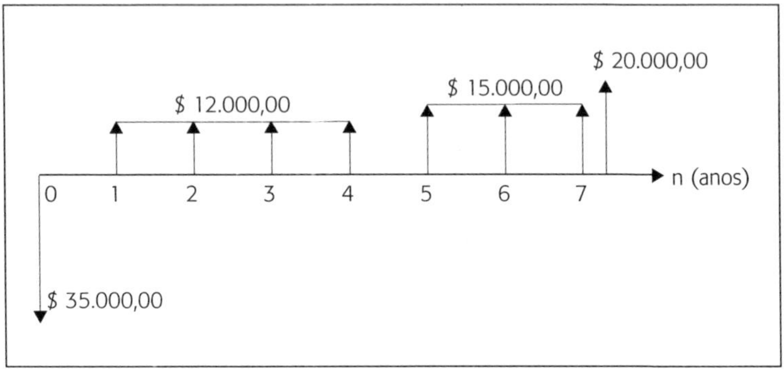

- Cálculo da taxa interna de retorno do projeto:

Dados	Tecla/função			Visor	Comentários
	f	CLEAR	REG	0,00	limpar registros
35.000	CHS	g	CF_0	–35.000,00	investimento no ano 0
12.000		g	CF_j	12.000,00	parcelas dos anos 1 a 4
4		g	N_j	4,00	número de parcelas
15.000		g	CF_j	15.000,00	parcelas dos anos 5 e 6
2		g	N_j	2,00	número de parcelas
35.000		g	CF_j	35.000,00	parcela do ano 7
		f	IRR	33,91	taxa interna de retorno

Respostas: (a) a taxa interna de retorno do projeto é 33,91% a.a.; (b) como a taxa mínima de atratividade de 20% a.a. é inferior à taxa de retorno do projeto, você deve considerá-lo economicamente viável.

Exemplo: Você está pensando em comprar um novo veículo no valor de $ 30.000,00, mas surge a oportunidade de adquirir um consórcio, com uma carta de crédito no referido valor, por $ 21.500,00 mais 20 parcelas mensais de $ 575,00, vencendo a primeira em um mês. Considere as seguintes condições: os $ 21.500,00 representam exatamente o capital de que você dispõe para dar como entrada no financiamento do seu carro novo; a taxa média do mercado para esse tipo de financiamento é de 3,5% a.m.; os veículos têm sofrido aumentos semestrais em torno de 3%, estando o próximo previsto para o mês corrente. Do ponto de vista econômico e com base apenas nesses parâmetros, qual é a melhor opção de compra: consórcio ou financiamento?

Solução: Nos consórcios, os aumentos sofridos pelo bem têm reflexo direto e na mesma proporção sobre os valores das prestações. Assim, considerando os aumentos médios semestrais de 3%:

$$P_1 = \$\,575{,}00 \times 1{,}03 \;\therefore\; P_1 = \$\,592{,}25 \;(\text{prestações de 1 a 6})$$

$$P_7 = \$\,592{,}25 \times 1{,}03 \;\therefore\; P_7 = \$\,610{,}02 \;(\text{prestações de 7 a 12})$$

$$P_{13} = \$\,610{,}02 \times 1{,}03 \;\therefore\; P_{13} = \$\,628{,}32 \;(\text{prestações de 13 a 18})$$

$$P_{19} = \$\,628{,}32 \times 1{,}03 \;\therefore\; P_{19} = \$\,647{,}17 \;(\text{prestações 19 e 20})$$

Valor a ser financiado:

$$\text{Valor financiado} = (\text{Valor do bem}) - (\text{Entrada}) \;\therefore$$

$$\text{Valor financiado} = \$\,30.000{,}00 - \$\,21.500{,}00 \;\therefore$$

$$\text{Valor financiado} = \$\,8.500{,}00$$

Representação gráfica do fluxo de caixa:

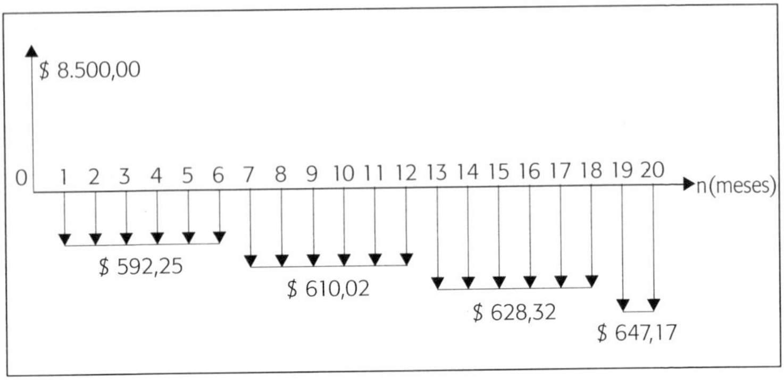

❑ Cálculo da taxa interna de juros do fluxo de caixa:

Dados	Tecla/função	Visor	Comentários
	f CLEAR REG	0,00	limpar registros
8.500	g CF_0	8.500,00	valor financiado (principal)
592,25	CHS g CF_j	–592,25	prestações nos meses 1 a 6
6	g N_j	6,00	número de prestações
610,02	CHS g CF_j	–610,02	prestações nos meses 7 a 12
6	g N_j	6,00	número de prestações
628,32	CHS g CF_j	–628,32	prestações nos meses 13 a 18
6	g N_j	6,00	número de prestações
647,17	CHS g CF_j	–647,17	prestações nos meses 19 e 20
2	g N_j	2,00	número de prestações
	f IRR	3,73	taxa interna de juros

Resposta: A taxa interna de juros do consórcio é igual a 3,73% a.m. Assim, tal opção seria equivalente a obter um financiamento a essa mesma taxa, que é superior à média do mercado. Portanto, considerando apenas os parâmetros dados, a melhor opção é adquirir o carro novo através de financiamento com taxa de 3,5% a.m.

Método do VPL

Exemplo: Determinar o valor presente líquido (*VPL*) de um projeto que custe hoje \$ 40.000,00 e gere quatro fluxos de caixa mensais positivos em $n = 2$, $n = 3$, $n = 4$ e $n = 5$ meses com valores de \$ 15.000,00, \$ 15.000,00, \$ 13.000,00 e \$ 6.000,00, respectivamente. A taxa mínima de atratividade (*TMA*) é de 8% ao mês. Você investiria nesse projeto? Por quê?

Solução: Representação gráfica do fluxo de caixa:

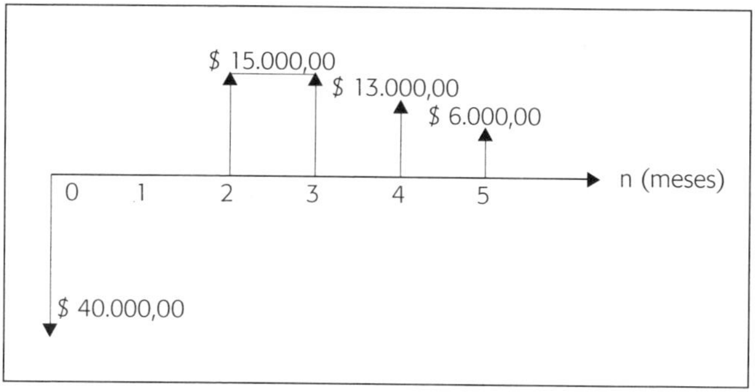

- Cálculo do *VPL*:

Dados	Tecla/função			Visor	Comentários
	f	CLEAR	REG	0,00	limpar registros
40.000	CHS	g	CF_0	–40.000,00	investimento no mês 0
0		g	CF_j	0,00	parcela do mês 1
15.000		g	CF_j	15.000,00	parcelas dos meses 2 e 3
2		g	N_j	2,00	número de parcelas
13.000		g	CF_j	13.000,00	parcela do mês 4

continua

Dados	Tecla/função	Visor	Comentários
6.000	g CF$_j$	6.000,00	parcela do mês 5
8	i	8,00	taxa mínima de atratividade
	f NPV	−1.593,55	valor presente líquido

Resposta: O valor presente líquido do projeto é igual a –$ 1.593,55. Certamente você decidirá não investir nele, porque seu valor presente líquido resultou negativo quando calculado com a taxa mínima de atratividade fornecida.

7 Desconto

Conceituação

De modo geral, uma operação de desconto visa estabelecer o valor presente pelo qual determinado ativo — que apresenta um valor numa data futura, o valor futuro — pode ser negociado.

Mostraremos aqui os dois tipos de desconto efetivamente adotados nas práticas de mercado: o desconto simples por fora e o desconto composto por dentro. Basicamente, o que diferencia a aplicação de um modelo ou outro nas operações de mercado é o prazo das operações. Em geral, as operações de curto prazo utilizam o desconto simples, e as de longo prazo, o desconto composto.

Desconto simples

Desconto com um título

O desconto simples é empregado no mercado numa operação muito comum denominada desconto de títulos de crédito.

Os exemplos mais comuns de títulos de crédito são as duplicatas, as promissórias e os cheques pré-datados.

O valor declarado num título de crédito é denominado valor de face ou valor nominal do título. Num cheque, é o valor expresso numericamente e escrito por extenso.

A instituição financeira com a qual você pretende realizar a operação lhe fornece uma taxa de desconto (*D*). Essa taxa será aplicada ao valor de face, linearmente, em função do prazo de vencimento do título, gerando o valor do desconto (*Desc*) sofrido por este último. O valor daí resultante, denominado valor descontado (*VDesc*) ou valor líquido, será meramente a diferença entre o valor de face do título e o desconto aplicado ou juros da operação.

Suponha que você tenha um título com valor de face *FV* e prazo de vencimento em *n* períodos. Caso lhe seja dada uma taxa de desconto *D*, para calcular o desconto você deverá utilizar a seguinte expressão:

$$Desc = FV \times D \times n$$

onde *Desc* é o valor do desconto sofrido pelo título; *FV* é o valor de face do título; *D* é a taxa de desconto simples utilizada na operação; e *n* é o prazo de vencimento do documento.

Uma vez determinado o desconto sofrido pelo título, para calcular o valor que lhe será oferecido nessa operação, ou seja, o valor descontado (*VDesc*), basta subtrair esse primeiro do valor nominal do mesmo. Em consequência, matematicamente você terá a seguinte relação:

$$VDesc = FV - Desc$$

onde *VDesc* é o valor recebido pelo cedente do título na operação.

Mas, como se sabe, o desconto é calculado pela equação $Desc = FV \times D \times n$. Assim, quando você substituir o desconto pela respectiva equação na relação anterior, terá:

$$VDesc = FV - (FV \times D \times n)$$

Como *FV* aparece em todos os termos do lado direito da igualdade, pode-se "colocá-lo em evidência". Dessa forma,

$$VDesc = FV(1 - D \times n)$$

Com essa equação você poderá, uma vez conhecidos o valor de face do título, seu prazo de vencimento e a taxa de desconto praticada, calcular o valor a ser obtido após a operação.

Os exemplos a seguir ajudarão o leitor a compreender a operacionalização dos cálculos numa operação de desconto simples.

Exemplo: Uma duplicata com valor de face de \$ 1.000,00 e prazo de vencimento de dois meses é descontada com uma taxa de 4% a.m. Determine o valor do desconto e o valor descontado desse título.

Solução: Dados — $FV = \$\ 1.000,00$; $D = 4\%$ a.m.; $n = 2$ meses.

- Cálculo do desconto:

$$Desc = FV \times D \times n$$
$$Desc = \$\ 1.000,00 \times 0,04 \times 2$$
$$Desc = \$\ 80,00$$

- Cálculo do valor descontado:

$$VDesc = FV - Desc \quad \therefore \quad VDesc = \$\ 1.000,00 - \$\ 80,00$$
$$VDesc = \$\ 920,00$$

ou

$$VDesc = FV(1 - D \times n)$$
$$VDesc = \$\ 1.000,00\ (1 - 0,04 \times 2) \quad \therefore \quad VDesc = \$\ 1.000,00 \times 0,92$$
$$VDesc = \$\ 920,00$$

Com base nos valores obtidos, acaso não seria possível imaginar a operação de desconto como uma operação de crédito na qual você recebe $ 920,00 pelos quais pagará, após dois meses, a quantia de $ 1.000,00? Pois tal operação não só pode como deve ser entendida dessa maneira. Na verdade, o que se tem é uma operação de crédito lastreada num título de crédito. Portanto, você pode imaginar que está tomando um empréstimo de $ 920,00 (*PV*), pelo qual pagará, após dois meses (*n*), $ 1.000,00 (*FV*). Cabe então perguntar: que taxa de juros você está pagando nessa operação? Será a taxa de desconto de 4% a.m. o seu parâmetro para tomada de decisão? Não. Nos juros simples a taxa que está sendo cobrada é expressa, como já vimos, pela expressão :

$$i = \frac{\frac{FV}{PV} - 1}{n} \quad \therefore$$

$$i = \frac{\frac{\$\,1.000,00}{\$\,920,00} - 1}{2} \qquad \therefore \; i = 0,0435 = 4,35\% \text{ a.m.}$$

Em contrapartida, a taxa efetiva da operação realizada, aplicando juros compostos, é expressa por:

$$i = \left(\frac{FV}{PV}\right)^{\frac{1}{n}} - 1 \quad \therefore$$

$$i = \left(\frac{\$\,1.000}{\$\,920}\right)^{\frac{1}{2}} - 1 \;\therefore\; i = 1,04257 - 1 \;\therefore\; i = 0,04257 = 4,257\% \text{ a.m.}$$

Utilizando a HP-12C, tem-se:

Dados	Tecla/função	Visor	Comentários
	f CLEAR FIN	0,00	limpeza das variáveis financeiras
1.000	CHS FV	−1.000,00	valor de face ou nominal do título
920	PV	920,00	valor líquido recebido ou valor descontado
2	n	2,00	prazo de vencimento em meses
	i	4,26	taxa efetiva mensal, em %

Exemplo: Considere o desconto da mesma duplicata do exemplo anterior, cujo valor de face é \$ 1.000,00, à mesma taxa de desconto de 4% a.m. Mas suponha, agora, que seu prazo de vencimento seja de três meses. Determine o valor do desconto, o valor descontado e as taxas efetivas mensais, linear e composta, da operação.

Solução: Dados — FV = \$ 1.000,00; D = 4% a.m.; n = 3 meses.

- Cálculo do desconto:

$$Desc = FV \times D \times n$$

$$Desc = \$\ 1.000{,}00 \times 0{,}04 \times 3$$

$$Desc = \$\ 120{,}00$$

- Cálculo do valor descontado:

$$VDesc = FV - Desc \therefore VDesc = \$\ 1.000{,}00 - \$\ 120{,}00$$

$$VDesc = \$\ 880{,}00$$

ou

$$VDesc = FV\,(1 - D \times n)$$

$$VDesc = \$\ 1.000{,}00\,(1 - 0{,}04 \times 3) \therefore VDesc = \$\ 1.000{,}00 \times 0{,}88$$

$$VDesc = \$\ 880{,}00$$

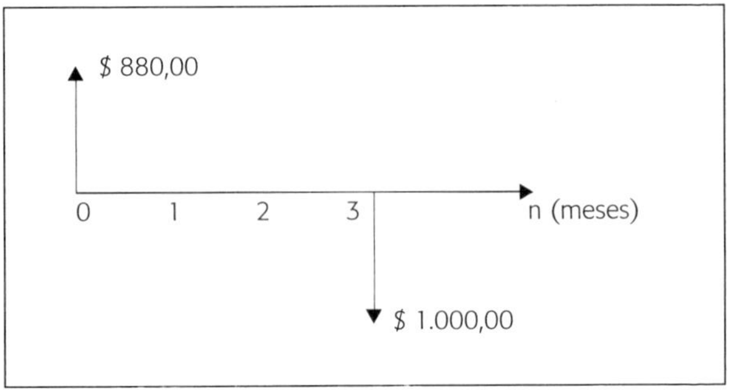

- Cálculo da taxa efetiva linear:

$$i = \frac{\left(\frac{\$ 1.000,00}{\$ 880,00}\right) - 1}{3} \therefore i = 0,04545 = 4,545\% \text{ a.m.}$$

- Cálculo da taxa efetiva composta:

$$i = \left(\frac{\$ 1.000,00}{\$ 880,00}\right)^{\frac{1}{3}} - 1 \therefore i = 1,04353 - 1 \therefore i = 0,04353 = 4,353\% \text{ a.m.}$$

Utilizando a HP-12C, tem-se:

Dados	Tecla/função	Visor	Comentários
	f CLEAR FIN	0,00	limpeza das variáveis financeiras
1.000	CHS FV	–1.000,00	valor de face ou nominal do título
880	PV	920,00	valor líquido recebido ou valor descontado
3	n	3,00	prazo de vencimento em meses
	i	4,35	taxa efetiva mensal, em %

Na realização da referida operação, a taxa efetiva será de 4,35% a.m.

Desconto com vários títulos

Na prática, quase não se opera com um título isoladamente. Em geral, desconta-se um conjunto de títulos com prazos de vencimento distintos.

À relação de todos os títulos envolvidos numa determinada operação de desconto dá-se o nome de borderô, termo de origem francesa que significa listagem, relação. Num borderô os títulos são separados de acordo com os seus prazos de vencimento. Títulos com o mesmo prazo de vencimento, em vez de serem operados individualmente, passam a compor um título maior cujo valor é a soma dos valores desses títulos. Por exemplo, um borderô contendo 10 títulos de \$ 200,00 com vencimento em 30 dias pode ser operado como um único título de \$ 2.000,00 (10 × \$ 200,00) com o mesmo prazo.

Para você determinar o valor do desconto sofrido por um borderô, bem como o seu valor descontado, basta calcular o desconto e o valor descontado para cada uma das datas de vencimento, considerando os valores totais dos títulos a elas relacionados, e depois somar esses valores, como se segue:

Títulos 30d = \$ 300,00	⇒	Desc = \$ 30,00	⇒	VDesc = \$ 270,00
Títulos 60d = \$ 200,00	⇒	Desc = \$ 40,00	⇒	VDesc = \$ 160,00
Títulos 90d = \$ 200,00	⇒	Desc = \$ 60,00	⇒	VDesc = \$ 140,00
Borderô	⇒	Desc = \$ 130,00	⇒	VDesc = \$ 570,00

O próximo exemplo mostra como você deve proceder em operações que envolvam o desconto de um borderô.

Exemplo: A fim de cobrir o caixa de sua companhia, você tenta descontar numa instituição financeira o borderô a seguir. A taxa de desconto simples utilizada na operação é de

4,5% a.m. Com base nesses dados, calcule o valor do desconto sofrido pelo borderô, bem como o seu valor descontado.

BORDERÔ DE DESCONTO

Cedente: Supermercados Semtroco | Data: 20-1-X2

Nº DP	Sacado	Praça	Vencimento	Valor ($)
001	Indústria X	RJ	20-2-X2	1.000,00
002	Casas Y	BH	20-2-X2	2.000,00
004	José Silva	Cuiabá	20-3-X2	1.500,00
006	Sebastião Dias	RJ	20-3-X2	2.000,00
007	Mercado São Sebastião	RJ	20-4-X2	6.000,00
009	Vai Vai Promoções	Belém	20-4-X2	4.000,00
011	Casas XYZ	Recife	20-4-X2	3.300,00

Solução: Borderô resumido

BORDERÔ DE DESCONTO

Prazo de vencimento (dias)	Valor ($)
30	3.000,00
60	3.500,00
90	13.300,00

$$D = 4{,}5\%\ \text{a.m.}$$

$$D_{\text{Diária}} = \frac{4{,}5\%}{30} \therefore D_{\text{Diária}} = 0{,}15\%\ \text{a.d. (mês comercial)}$$

$$Desc_{30} = FV \times D \times n$$

$$Desc_{30} = \$\,3.000{,}00 \times 0{,}0015 \times 30$$

$$Desc_{30} = \$\,135{,}00$$

$$Desc_{60} = FV \times D \times n$$

$$Desc_{60} = \$\,3.500{,}00 \times 0{,}0015 \times 60$$

$$Desc_{60} = \$\,315{,}00$$

$$Desc_{90} = FV \times D \times n$$
$$Desc_{90} = \$\ 13.300,00 \times 0,0015 \times 90$$
$$Desc_{90} = \$\ 1.795,00$$

$$Desc_{Total} = Desc_{30} + Desc_{60} + Desc_{90}$$
$$Desc_{Total} = \$\ 135,00 + \$\ 315,00 + \$\ 1.795,50$$
$$Desc_{Total} = \$\ 2.245,50$$

$$VDesc_{30} = FV - Desc \therefore VDesc_{30} = \$\ 3.000,00 - \$\ 135$$
$$VDesc_{30} = \$\ 2.865,00$$

ou

$$VDesc_{30} = FV\ (1 - D \times n)$$
$$VDesc_{30} = \$\ 3.000,00\ (1 - 0,0015 \times 30) \therefore VDesc_{30} = \$\ 3.000,00 \times 0,955$$
$$VDesc_{30} = \$\ 2.865,00$$

$$VDesc_{60} = FV - Desc \therefore VDesc_{60} = \$\ 3.500,00 - \$\ 315$$
$$VDesc_{60} = \$\ 3.185,00$$

ou

$$VDesc_{60} = FV\ (1 - D \times n)$$
$$VDesc_{60} = \$\ 3.500,00\ (1 - 0,0015 \times 60) \therefore VDesc_{60} = \$\ 3.500,00 \times 0,91$$
$$VDesc_{60} = \$\ 3.185,00$$

$$VDesc_{90} = FV - Desc \therefore VDesc_{90} = \$\ 13.300,00 - \$\ 1.795,50$$
$$VDesc_{90} = \$\ 11.504,50$$

ou

$$VDesc_{90} = FV\ (1 - D \times n)$$
$$VDesc_{90} = \$\ 13.300,00\ (1 - 0,0015 \times 90) \therefore VDesc_{90} = \$\ 13.300,00 \times 0,865$$
$$VDesc_{90} = \$\ 11.504,50$$

$$VDesc_{Total} = VDesc_{30} + VDesc_{60} + VDesc_{90}$$
$$VDesc_{Total} = \$\ 2.865,00 + \$\ 3.185,00 + \$\ 11.504,50$$
$$VDesc_{Total} = 17.554,50$$

ou

$$VDesc_{Total} = FV_{Total} - Desc_{Total}$$
$$VDesc_{Total} = (\$\ 3.000,00 + \$\ 3.500,00 + \$\ 13.300,00) - \$\ 2.245,50$$
$$VDesc_{Total} = \$\ 17.554,50$$

Seu borderô sofrerá um desconto de \$ 2.245,50. Em consequência, você receberá nessa operação o valor descontado de \$ 17.554,50.

Como você pôde reparar no exemplo anterior, a metodologia de cálculo com um borderô é muito repetitiva. Ou seja, nos cálculos realizados para os vários conjuntos de títulos meramente se alteram nas equações os valores de face e os prazos de vencimento, chegando assim aos respectivos descontos e, por diferença, aos valores descontados.

Exemplo: Dado o borderô a seguir, determine o desconto sofrido e o valor descontado do mesmo. Considere a operação realizada a uma taxa de desconto simples de 6% a.m.

Borderô de desconto

Cedente: Autopeças Bate-Bate — Data: 18-3-X2

Nº DP	Sacado	Praça	Vencimento	Valor (\$)
003	Injet Car	RJ	25-3-X2	2.300,00
005	Oficina do Zé	Goiânia	25-3-X2	2.000,00
008	José Silva	Cuiabá	25-3-X2	1.000,00
010	Viação Vai-Vai	Goiânia	5-4-X2	3.400,00
017	Mercado São Sebastião	RJ	5-4-X2	2.100,00
020	Autobaixo	Belém	15-4-X2	1.200,00
023	Pisca-Pisca	Recife	15-4-X2	3.400,00

Solução: Borderô resumido

Borderô de desconto

Prazo de vencimento (dias)	Valor (\$)
07	5.300,00
18	5.500,00
28	4.600,00

$$D = 6{,}0\%\ \text{a.m.}$$

$$D_{Diária} = \frac{6{,}0\%}{30} \therefore D_{Diária} = 0{,}2\%\ \text{a.d. (mês comercial)}$$

$$Desc_{07} = FV \times D \times n$$
$$Desc_{07} = \$\ 5.300{,}00 \times 0{,}002 \times 7$$
$$Desc_{07} = \$\ 74{,}20$$

$$Desc_{18} = FV \times D \times n$$
$$Desc_{18} = \$\ 5.500{,}00 \times 0{,}002 \times 18$$
$$Desc_{18} = \$\ 198{,}00$$

$$Desc_{28} = FV \times D \times n$$
$$Desc_{28} = \$\ 4.600{,}00 \times 0{,}002 \times 28$$
$$Desc_{28} = \$\ 257{,}60$$

$$Desc_{Total} = Desc_{07} + Desc_{18} + Desc_{28}$$
$$Desc_{Total} = \$\ 74{,}20 + \$\ 198{,}00 + \$\ 257{,}60$$
$$Desc_{Total} = \$\ 529{,}80$$

$$VDesc_{Total} = FV_{Total} - Desc_{Total}$$
$$VDesc_{Total} = (\$\ 5.300{,}00 + \$\ 5.500{,}00 + \$\ 4.600{,}00) - \$\ 529{,}80$$
$$VDesc_{Total} = \$\ 14.870{,}20$$

O valor do desconto sofrido pelo borderô na referida operação é de $ 529,80. O valor recebido pelo cedente dos títulos, valor descontado, é de $ 14.870,20.

Vejamos agora a avaliação da taxa efetiva de uma operação de desconto envolvendo um borderô. Quando analisamos o desconto envolvendo um único prazo de vencimento, bastou admitir o valor descontado como o valor presente *PV*, o valor de face como o valor futuro *FV* e o prazo de vencimento como o prazo *n* de uma operação de capitalização a juros compostos para então calcular a taxa de juros a ela associada.

Porém, a dificuldade em determinar a taxa efetiva nas operações envolvendo borderôs reside no fato de existirem prazos de vencimento distintos. Estabelecer um prazo médio para a operação faz com que ela se transforme numa operação com um único prazo de vencimento. Contudo, para se obter maior precisão, o cálculo da taxa efetiva de uma operação como essa exige, necessariamente, o cálculo de sua taxa interna de retorno (IRR).

No próximo exemplo você verá como determinar a taxa efetiva da operação de desconto do borderô por meio do cálculo da taxa de retorno usando a HP-12C.

Exemplo: A fim de cobrir o caixa de sua companhia, você tenta descontar numa instituição financeira o borderô a seguir. A taxa de desconto simples utilizada na operação será de 4,5% a.m. Dado que seu valor descontado é igual a $ 17.554,50, determinar a taxa efetiva mensal da operação.

Borderô de desconto

Cedente: Supermercados Semtroco Data: 20-1-X2

Nº DP	Sacado	Praça	Vencimento	Valor ($)
001	Indústria X	RJ	20-2-X2	1.000,00
002	Casas Y	BH	20-2-X2	2.000,00
004	José Silva	Cuiabá	20-3-X2	1.500,00
006	Sebastião Dias	RJ	20-3-X2	2.000,00
007	Mercado São Sebastião	RJ	20-4-X2	6.000,00
009	Vai Vai Promoções	Belém	20-4-X2	4.000,00
011	Casas XYZ	Recife	20-4-X2	3.300,00

Solução: Borderô resumido

BORDERÔ DE DESCONTO

Prazo de vencimento (dias)	Valor ($)
30	3.000,00
60	3.500,00
90	13.300,00

$VDesc_{Total} = \$ 17.554,50$

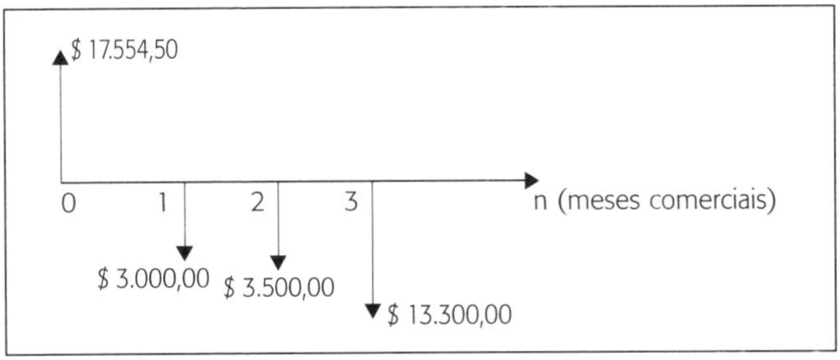

- Cálculo da taxa de retorno na HP-12C:

Dados	Tecla/função			Visor	Comentários
	f	CLEAR	REG	0,00	limpar registradores
17.554,50		g	CF_0	17.554,50	valor total recebido
3.000	CHS	g	CF_j	3.000,00	parcela paga no mês 1
3.500	CHS	g	CF_j	3.500,00	parcela paga no mês 2
13.300	CHS	g	CF_j	13.300,00	parcela paga no mês 3
		f	IRR	4,919061	taxa efetiva da operação

A taxa de retorno da operação ou sua taxa efetiva é de 4,92% a.m. (mês comercial).

Exemplo: Dado o borderô a seguir, cujo valor descontado é de $ 14.870,20, determinar a taxa efetiva mensal da operação de desconto.

Borderô de desconto

Cedente: Autopeças Bate-Bate | Data: 18-3-X2

Nº DP	Sacado	Praça	Vencimento	Valor ($)
003	Injet Car	RJ	25-3-X2	2.300,00
005	Oficina do Zé	Goiânia	25-3-X2	2.000,00
008	José Silva	Cuiabá	25-3-X2	1.000,00
010	Viação Vai-Vai	Goiânia	5-4-X2	3.400,00
017	Mercado São Sebastião	RJ	5-4-X2	2.100,00
020	Autobaixo	Belém	15-4-X2	1.200,00
023	Pisca-Pisca	Recife	15-4-X2	3.400,00

Solução: Borderô resumido

Borderô de desconto

Prazo de vencimento (dias)	Valor ($)
07	5.300,00
18	5.500,00
28	4.600,00

$$VDesc_{Total} = \$\,14.870,20$$

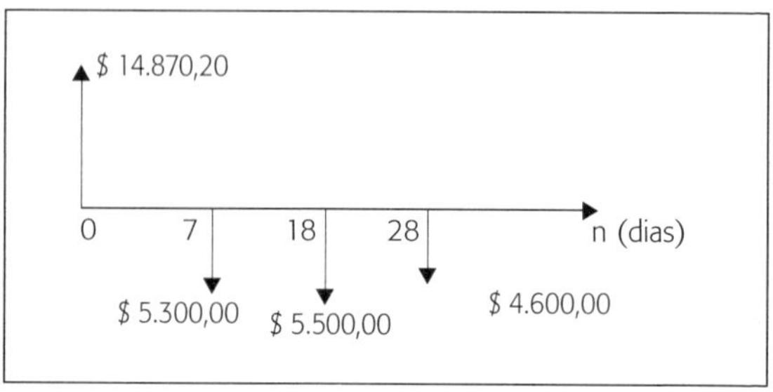

- Cálculo da taxa de retorno na HP-12C:

Dados	Tecla/função			Visor	Comentários
	f	CLEAR	REG	0,00	limpar registradores
14.870,20		g	CF_0	14.870,20	valor total recebido
0	CHS	g	CF_j	0,00	parcelas pagas nos dias 1 a 6
6		g	N_j	6,00	número de parcelas
5.300	CHS	g	CF_j	5.300,00	parcela paga no dia 7
0	CHS	g	CF_j	0,00	parcelas pagas nos dias 8 a 17
10		g	N_j	10,00	número de parcelas
5.500	CHS	g	CF_j	5.500,00	parcela paga no dia 18
0	CHS	g	CF_j	0,00	parcelas pagas nos dias 19 a 27
9		g	N_j	9,00	número de parcelas
4.600	CHS	g	CF_j	4.600,00	parcela paga no dia 28
9		f	IRR	0,205	taxa efetiva diária

TIR = 0,205% a.d.

- Cálculo da taxa de retorno mensal (mês comercial):

$$(1 + i_m) = (1 + i_d)^{30}$$

$$i_m = (1 + 0{,}00205)^{30} - 1 \;\therefore\; i_m = 1{,}0634 - 1 \;\therefore\; i_m = 0{,}0634$$

$$i_m = 6{,}34\%\ \text{a.m.}$$

A taxa de retorno dessa operação ou sua taxa efetiva é de 6,34% a.m. (mês comercial).

Desconto composto

Utilizado nas operações de longo prazo, esse tipo de desconto visa, basicamente, determinar o valor presente de um fluxo de caixa futuro (valor futuro), considerando o prazo para sua ocorrência e a taxa de juros a ser aplicada na operação. Os cálculos desse tipo de operação se baseiam na equação fundamental dos juros compostos:

$$FV = PV(1 + i)^n$$

Numa operação de desconto, busca-se calcular, com base numa determinada taxa de juros, o valor presente ou valor descontado associado a um valor futuro ou fluxo de caixa, de acordo com a sua data de ocorrência ou vencimento. Sendo assim, a equação básica dos juros compostos adquire o seguinte formato:

$$VDesc \text{ ou } PV = \frac{FV}{(1 + i)^n}$$

onde *VDesc* é o valor descontado ou *PV* a ser pago na data de referência; *FV* é o valor futuro do fluxo de caixa; *n* é o prazo até o efetivo pagamento desse fluxo de caixa; e *i* é a taxa de desconto utilizada na operação.

Para determinar o valor presente de um único fluxo de caixa, é necessário transportar o valor do fluxo (valor futuro) para a data na qual se deseja calcular o valor presente ou valor descontado, a chamada data de referência ou ponto focal. Como o valor presente pode ser calculado em relação a qualquer data anterior ao fluxo de caixa, a data de referência não precisa ser a data zero.

Os procedimentos para o cálculo do valor descontado de um conjunto de fluxos de caixa são os mesmos adotados quando se tem um único fluxo de caixa. Pode-se interpretar esse conjunto de fluxos como a reunião de vários fluxos unitários, efetuar o cálculo para cada um deles e, por fim, somar os valores obtidos, chegando-se então ao valor descontado do conjunto. Assim:

$$VDesc = VDesc_1 + VDesc_2 + \cdots\cdots + VDesc_n$$

$$VDesc = \frac{FV_1}{(1+i)^1} + \frac{FV_2}{(1+i)^2} + \cdots\cdots + \frac{FV_n}{(1+i)^n}$$

Valor presente de um ativo

O valor presente de um ativo é definido como a soma dos valores descontados de todos os fluxos de caixa que esse ativo pagará aos seus investidores (proprietários) ao longo de sua vida útil.

Exemplo: Cálculo do valor descontado de um único fluxo de caixa.

Uma distribuidora de títulos e valores está oferecendo títulos com valor de face de $ 1.000,00. A taxa oferecida aos investidores interessados é de 23% ao ano. Suponha que você tenha interesse em adquirir tais títulos. Sabendo que o vencimento dos mesmos ocorrerá daqui a três anos, qual deverá ser o seu investimento, hoje, por título adquirido?

Solução: Dados — FV = $ 1.000,00; i = 23% a.a.; n = 3 anos.

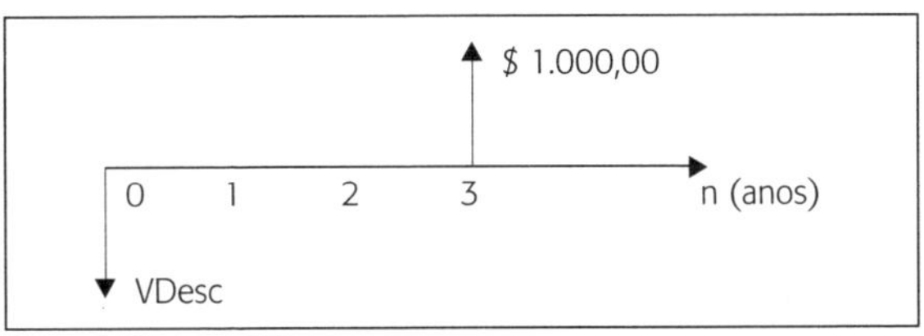

$$VDesc = \frac{FV}{(1+i)^n}$$

$$VDesc = \frac{\$\,1.000}{(1+0,23)^3} \quad \therefore \quad VDesc = \frac{\$\,1.000}{1,860867}$$

$$VDesc = \$\,537,38$$

Utilizando a HP-12C:

Dados	Tecla/função			Visor	Comentários
	f	CLEAR	FIN	0,00	limpeza das variáveis financeiras
1.000		CHS	FV	1.000,00	valor de face do título
23			i	23,00	taxa de desconto efetiva
3			n	3,00	prazo de vencimento em meses
			PV	537,38	valor presente do título

O valor descontado do título que paga um fluxo de caixa de $ 1.000,00 em três anos, dada a taxa de desconto de 23% ao ano, é $ 537,38.

Conclusão

Este livro teve por objetivo iniciar o leitor nos conceitos básicos da matemática financeira. Por meio das fórmulas aqui apresentadas, bem como dos exemplos de utilização da calculadora financeira HP-12C, você pôde constatar a importância desses conhecimentos para a tomada de decisões até mesmo nas situações mais corriqueiras, como calcular as prestações do financiamento de uma televisão ou optar entre o pagamento à vista com desconto ou o parcelamento da compra de uma roupa.

Além disso, com uma boa base em matemática financeira certamente você poderá compreender melhor assuntos correlatos, tais como finanças empresariais. Portanto, fica aqui a recomendação para que você aprofunde seus conhecimentos nessa área e procure aplicá-los utilizando uma planilha financeira, com o programa Excel, de acordo com as referências bibliográficas aqui fornecidas.

Referências

ASSAF NETO, Alexandre. *Matemática financeira*. 9. ed. São Paulo: Atlas, 2006.

FARO, Clóvis de. *Matemática financeira*. 9. ed. São Paulo: Atlas, 1997.

JUER, Milton. *Matemática financeira*. Rio de Janeiro: Qualitymark, 2003.

LAPPONI, Juan Carlos. *Matemática financeira*. Rio de Janeiro: Qualitymark, 2006.

MATHIAS, Washington Franco; GOMES, José Maria. *Matemática financeira*. 6. ed. São Paulo: Atlas, 2009.

PUCCINI, Abelardo de Lima. *Matemática financeira:* objetiva e aplicada. 7. ed. Rio de Janeiro: Saraiva, 2006.

TOSI, Armando José. *Matemática financeira com utilização da HP-12C*. São Paulo: Atlas, 2004.

VIEIRA SOBRINHO, José Dutra. *Matemática financeira*. 7. ed. São Paulo: Atlas, 2000.

Os autores

Luís Geraldo Mendonça

Mestre em gestão empresarial pela FGV, especialista em engenharia econômica pela UFRJ e em crédito pelo Banco Chase Manhattan, e graduado em administração pela UFF. Docente em cursos de administração, economia e contabilidade. Ex-diretor adjunto do Citibank e vice-diretor do Banco Chase Manhattan.

George Joseph Boggiss

Especialista em desenvolvimento gerencial pelo PDG/Executivo e graduado em ciências econômicas pela UFRJ. Docente em cursos de gestão empresarial, logística, direito econômico, administração de negócios e administração hospitalar, na área de finanças. Ex-sócio e diretor das empresas de alta tecnologia Opto Eletrônica e Engecer Projetos e Produtos Cerâmicos. Ex-diretor da Datapoint do Brasil Informática e Comunicação e da Cepec (Grupo Cavan), e ex-superintendente da Blu 4 Confecções.

Luiz Alfredo Rodrigues Gaspar

Mestre em engenharia de produção pela UFF, MBA em finanças pelo Ibmec e graduado em astronomia pela UFRJ. Docente em cursos de administração e engenharia de produção. Ex-analista de sistemas de informação da Escola de Guerra Naval. Ex-professor, coordenador do centro de informações e pesquisador do Instituto Brasileiro de Mercado de Capitais.

Marcos Guilherme Heringer

Mestre em engenharia com ênfase em estatística e graduado em engenharia de materiais pelo IME. Docente em cursos de pós-graduação nas áreas de gestão, finanças e direito empresarial e tributário. Consultor financeiro nas esferas pública e privada. Diretor científico da Subdivisão de Projetos Especiais do Instituto de Pesquisa e Desenvolvimento do Ministério da Defesa.